"大思政课"的实践探索：
大学生社会调查报告精选

主　编　刘雅然　岳　奎

执行主编　沈昊驹

副主编　雷志春　周　浪

（第二辑）

华中科技大学出版社
http://press.hust.edu.cn
中国·武汉

图书在版编目(CIP)数据

"大思政课"的实践探索：大学生社会调查报告精选. 第二辑 / 刘雅然，岳奎主编.
武汉：华中科技大学出版社，2025. 2. -- ISBN 978-7-5680-8627-1

Ⅰ. G642.45

中国国家版本馆 CIP 数据核字第 2024RN9669 号

"大思政课"的实践探索：大学生社会调查报告精选（第二辑）
"Dasizheng Ke"de Shijian Tansuo:Daxuesheng Shehui Diaocha
Baogao Jingxuan(Di-er Ji)

刘雅然
岳　奎　主编

策划编辑：周晓方　杨　玲
责任编辑：余晓亮
封面设计：原色设计
责任监印：周治超

出版发行：华中科技大学出版社（中国·武汉）　　电话：(027)81321913
　　　　　武汉市东湖新技术开发区华工科技园　　邮编：430223
录　　排：华中科技大学惠友文印中心
印　　刷：武汉科源印刷设计有限公司
开　　本：710mm×1000mm　1/16
印　　张：14.5　插页：2
字　　数：277 千字
版　　次：2025 年 2 月第 1 版第 1 次印刷
定　　价：79.00 元

本书若有印装质量问题，请向出版社营销中心调换
全国免费服务热线：400-6679-118　　竭诚为您服务
版权所有　侵权必究

内容简介

※ ※ ※ ※

《"大思政课"的实践探索：大学生社会调查报告精选（第二辑）》立足于华中科技大学社会实践，以"行走的思政课"为主题，是基于大学生社会实践团队聚焦于喜迎党的二十大、理论宣讲调研、国情观察等内容开展的一系列调查研究，通过思政课堂所学的各类调查方法（访谈法、问卷法、观察法、文献法）等来进行资料的收集、分析后撰写形成的调查报告精选结集而成。本书综合采用质性及量化研究方法，华中科技大学学生利用暑期深入全国各地开展社会实践活动，运用课堂所学，发现问题并提出针对性的对策建议，充分彰显了"大思政课"实践育人的积极成效。

总序

※ ※ ※ ※

习近平总书记在学校思想政治理论课教师座谈会上提出了思政课改革创新的"八个相统一"具体要求。其中,"坚持理论性与实践性相统一"着重强调了高校思政课的实践性向度,为高校思政课实践教学改革提供了新的探索路径。2022年7月,教育部、中共中央宣传部、中央网信办等十部门印发的《全面推进"大思政课"建设的工作方案》也指出,思政课教学要"善用社会大课堂"。为了切实推动"大思政课"建设,让思政课"行走"起来,华中科技大学马克思主义学院进行教学改革,将"思政课社会实践"作为一门独立必修课程,建立专门的思政课社会实践教研室,进一步促进了思政课社会实践的制度化、体系化发展。

就立德树人的根本目标而言,"思政课社会实践"课程具有如下功能。

"思政课社会实践"是学校实现显性育人与隐性育人相统一的重要抓手。显性教育注重知识和技能的传授,对学生掌握基础知识和提高认知能力具有重要作用。而隐性教育则通过营造良好的教育环境,潜移默化地塑造学生的价值观和行为习惯。"思政课社会实践"既让学生在具体的社会调查、政务见习、志愿服务等活动中进一步强化课堂理论知识,也促进学生训练科学思维、培养实干能力、涵养精神品格,培育学生正确的世界观、人生观、价值观。

"思政课社会实践"也是教师实现教学方式创新与教学质量提升的重要路径。思政课实践教学有助于提升思政课的吸引力、说服力和实效性。习近平总书记指出:"思政课的本质是讲道理,要注重方式方法,把道理讲深、讲透、讲活。"社会实践中的鲜活案例和丰富故事,让课堂教学"活"了起来,学生课堂参与的积极性不断提高。与此同时,教师带队或指导学生社会实践有助于不断拉近和学生的距离,更加全面地了解新时期青年的所感、所想和所思,进而提高教学内容的针对性,有助于引导学生在对"身边事"的观察中理解"国家事",强化课堂理论学习和实践田野观察的有机融合。

"思政课社会实践"更是学生厚植家国情怀与增长知识才干的重要渠道。通过组织学生到基层一线参观考察、实地体验、深入调研,可以让学生亲身感受社会主义现代化建设的伟大成就和艰辛历程。在此过程中,学生得以深刻领会世情、国情、社情、民情、舆情，不断增强对新时代党的创新理论的政治认同、思想认同、理论认同、情感认同。学生在走出校门、走进社会、深入生活、关注现实的社会实践过程中，也将专业知识和现实问题紧密结合，进一步提高发现问题、分析问题和解决问题的本领。

呈现在读者面前的是我们从每年7000多份社会调查报告中精选而来的优秀报告。这些由"00后"大学生撰写的调查报告不仅反映出他们通过社会实践实现了知识认知的进步，还体现了他们价值认识的飞跃。报告的主题围绕"五位一体"总体布局展开，从政治、经济、社会、文化、生态文明五个方面呈现了当前我国经济社会发展取得的成就、存在的问题及面临的挑战。社会实践让学生更加深入地了解中国国情，更加透彻地理解中国的各项政策，更加明确自己的历史使命，更加坚定对中国特色社会主义道路、理论、制度和文化的自信。

是为序。

目录

第一部分：政治建设专题 /1

农村基层民主的发展现状与优化路径——基于湖北省武汉市新洲区的调查 /2

　　　　　　　　　　　　　　　　　　　　　　　　　　　/何洛昌

乡村基层党组织的建设现状——基于湖北省监利市王小垸村的调查 /6

　　　　　　　　　　　　　　　　　　　　　　　　　　　/罗一格

乡村振兴战略视域下"党建＋"特色发展模式探析——基于广西壮族自治区平果市的调查 /12

　　　　　　　　　　　　　　　　　　　　　　　　　　　/熊映萱

基层疫情防控的经验与成效——基于湖北四市的调研 /19

　　　　　　　　　　　　　　　　　　　　　　　　　　　/贺云飞

互为促进：民族团结与乡村振兴的协作关系调查——以云南省南涧彝族自治县亦可妈库村为例 /27

　　　　　/熊江楠　王心怡　林静怡　许昉怡　龚楠　郭林峰　敖心怡

第二部分：经济建设专题 /39

精准扶贫的成效、问题与对策——以四川省巴中市巴州区枣林镇为例 /40

　　　　　　　　　　　　　　　　　　　　　　　　　　　/常琦

多元化模式：从脱贫到振兴的乡村发展之路——基于六个地区的比较分析 /45

　　　　　　　　　　　　　　　　　　　　　　　　　　　/姜婧仪

乡村振兴视阈下的经济发展：路径、问题与对策——基于山东省诸城市辛兴镇的调查 /54

　　　　　　　　　　　　　　　　　　　　/赵一博　赵吉喆　王娅

特色茶产业促进乡村振兴的路径探析——基于湖北省恩施土家族 /61

苗族自治州的调查

/向梓杨

/66　花卉产业促进乡村振兴的模式与成效——基于云南省昆明市斗南街道的调研

/张金驰

/75　乡村振兴视阈下田园综合体的发展路径与成效——基于湖北省荆州市"一米农庄"的调查

/黎梓豪

/81　乡村特色旅游业发展模式、问题与对策——基于安徽省合肥市三河镇的调查

/曾舒雯

/91 第三部分：社会建设专题

/92　乡村治理的现状与优化路径——以江西省九江市都昌县大沙镇为例

/沈圣德

/97　乡村振兴背景下村庄建设调查——以湖南省汨罗市西长村"危房改造"为例

/秦文静　唐永桂

/103　边疆地区乡村建设状况调查——以西藏地那村、那仁村和巴林村为例

/巴桑石达　次仁玉杰

/109　"双减"背景下义务教育状况调查

/叶晓铨

/127　乡镇互联网医疗发展现状、困境与对策——基于湖北省天门市和云南省保山市的调查

/刘明旺

/141 第四部分：文化建设专题

/142　民族地区非遗文化产业助力乡村振兴调查——以四川省凉山州为例

/李书瑶

/154　新媒体条件下非遗文化传承调研——以四川省绵竹年画为例

/阳昕媛

/162　数据恩施：非物质文化遗产对乡村振兴的影响

/黄彦玮

/168	校史研究及大学生对校史了解程度——以华中科技大学为例
	/夏士雄
/179	"溯历史之流光　予喻园以新声"——挖掘历史情感,讲好华中大故事主题采访
	/李存博　兰胜杰　王梦迪

/191 第五部分:生态建设专题

/192	乡村生态治理:主要做法、成效与对策建议——基于湖北省武汉市东西湖区的调查
	/曹瑜　刘建胜　熊晨阳
/197	黄山景区垃圾治理调研
	/何允晴
/203	白洋淀生态建设及绿色产业发展调查
	/王陆洋　张艺馨
/216	云南亚洲象保护现状调研
	/杨一一

第一部分 政治建设专题

农村基层民主的发展现状与优化路径
——基于湖北省武汉市新洲区的调查

何洛昌[①]

一、调查背景与目的

"全过程人民民主"理念与形态,是对中国式民主在实践中所形成的新理念新形态的一种高度概括与抽象,丰富了关于民主的认识。2019年11月,习近平总书记在上海市长宁区虹桥街道古北市民中心考察调研的过程中,与基层群众交谈时首次提到"人民民主是一种全过程的民主",这既是对中国特色社会主义基层民主政治实践的总结,也是不断推进我国基层民主政治建设的根本遵循。人民是否享有民主权利,要看人民在选举时有没有投票的权利,也要看人民在日常政治生活中有没有持续参与的权利;要看人民有没有进行民主选举的权利,也要看人民有没有进行民主决策、民主管理、民主监督的权利。全过程的民主包括民主选举、民主决策、民主管理、民主协商、民主监督等过程性环节。

笔者前往武汉市新洲区的农村,通过实地考察、问卷调查、走访等多种形式,了解当地在党的领导下进行基层民主建设的实际情况;理解国家相关政策对基层群众自治制度的指导作用;向身边的人宣传和介绍基层群众自治制度的基本状况,提高他们对基层群众自治制度的了解度;在实践中感受基层群众自治制度运作的成果,提升自己的实践能力与社交能力,切实感受党"全心全意为人民服务的宗旨",明确发展目标,培养爱国精神。

二、调查的内容与方法

(一)调查内容

笔者以"农村基层民主自治"为主题,通过实地考察基层群众自治制度运作

[①] 何洛昌为华中科技大学软件工程专业2020级本科生。

情况,了解基层群众自治制度这种中国特色政治制度的发展现状和未来走向;同时尝试去理解一项基本政治制度从提出到施行以及后期维护和发展的来之不易,理解基层群众自治制度对反映人民群众的利益诉求、从整体上坚持和发展我国社会主义政治制度的特点和优势。立足调研的结果,展开思考,笔者做了一些合理分析,给出了一些意见和建议。

(二)调查方法

实地调查法、访谈法。

三、调查的结果与分析

(一)基本状况

在去往村落的路上,笔者便发现,第一个村落附近有许多的企业和工厂,以及正在建设的桥梁、道路和楼盘,看样子,这里属于正在建设的开发区。在开发区旁的双铺村,应该也会相应地得到很好的发展。果然,到了村委会后,我们和村书记交流了一番就印证了这个猜想。村书记在得知我们因查到该村为贫困村而前来调查基层群众自治制度的实施情况时,轻声一笑,告诉我们说,他们村早已脱贫,在国家政策的指导下,基层群众自治制度正常运作,村委会选举井然有序,但是村民的积极性不高。同时,双铺村正在贯彻落实脱贫工作的进一步开展,主要是由于近年来城市化建设的加快,该村也赶上了发展,整个村在城镇化的规划中被列为拆迁区域,由政府分发补偿金和房产。村书记笑着和我们说,村里早在2016年就实现了户户有房有车,每户手上都有不少的存款;可以说早就脱离了贫困村的范畴,步入了小康,这也间接说明其基层民主建设的完善。

之后,村书记带着我们简单地看了一下村里情况。当我们问起在路上看到的生态钓场和生态农庄时,他解释道,村里现在已经脱贫了,这些倒不是脱贫的主要方法。这些生态钓场、生态园等已经不是村民在经营了。通过村委会会议具体研究,由于村里的青壮年劳动力多外出打工,留在村里的人越来越少,于是大家就商议将闲置的土地租给村外的人来经营。不仅仅是这些类似农家乐的项目,一些企业也与村里有许多合作。

殷店村同样处于新洲区,乘坐公交需要两三个小时才能到达。村里条件也比较符合一般乡村的情况。在我们说明来意后,村委会的同志热情且耐心地向我们介绍了近些年在殷店村进行的基层群众自治情况和取得的成果。在我们问起村落的基层群众自治政策时,村委会的同志提到了通过无记名投票、差额选举产生村民委员会的方式。

近年来,针对村域范围广、常住人口多元化、村级治理问题复杂的特点,双铺村将村民自治与乡村治理、乡村振兴紧密结合起来,积极探索乡村自治模式,鼓励村民参与各种乡村自治组织,使农村基层民主建设充满活力。"宅基议事"制度已经在双铺村村民自治中加以推广,还形成了"宅基管家"村民自治模式,这一模式不仅仅用来解决宅基地问题,还用来解决村民在基本农田内违规种植林木的问题,并促进了河道整治、乡村改造的实施,使村民自治更加"活"起来,使村民自治制度更具魅力,使乡村更加美丽和谐。

在谈到基层民主工作的标准时,村里老同志告诉我们,"自治、德治、法治"三治融合提出后,政治与智治的加入,使得"五治"说法渐为普及。从"三治"到"五治"的提法转变,侧面反映了基层群众自治水平的逐步提高,自治能力的不断强化,以及治理内涵的日渐丰富。

村委会作为自治组织,联系着基层群众和各级行政机关。党和国家的政策伸向基层时,村委会是最后一道"线"。由于政策在一定程度上具有普遍性,而每个村委会所自治的村域各具特色,有其特殊性,因此在政策执行过程中,这种特殊性有时难以在政策普遍性下得到全面的惠顾。加之村委会的执行人大多是通过民选而产生的,有其自身的差序格局和有限理性,在执行时总是受各个方面因素的影响。此外,在偏远地区,往往会出现一项惠民政策正在落实而另一项政策接踵而至,其间缺少必要的时间阈来较好地衔接。再者,民选干部的任期稍短,给予基层群众的承诺容易前后不一致。

(二) 结论和建议

1. 专业性、权威性政府机构的深入引导,是基层群众自治方向正确的保障

寻乌法院巡回法庭的嵌入式参与乡村治理模式,是政治引领的典型。一方面,法庭以其专业性、权威性为预防和化解乡村社会矛盾纠纷提供了有力支撑;另一方面,通过嵌入式的调解、审判模式,在尊重、适应本土传统的同时,巡回法庭借助民众之眼、百姓之口,实现了依法治国的资源下沉,有利于推进以文化人、移风易俗的乡风文明建设。如果说"自治、德治、法治"的"三治融合"致力于挖掘民众的内生动力,促进群众的公民素质提高,为完善基层群众自治打下坚实基础,那么,以政治为引领,便成为乡风民俗正处于急剧转型期、意识形态领域存在不足的乡村走上正确道路的根本保障。

2. 人民政协专门协商机构的深度参与，为基层协商民主的提升提供可能

社会主义民主政治是中国特色社会主义政治文明的集中体现，协商民主是实现民主政治的重要制度。为此，充分发挥人民政协专门协商机构的专业性优势，将政协协商与基层协商有效融合，将那些百姓自治难以解决、急需各部门和各单位协同处理的民生问题以提案方式递交，发挥人民政协参政议政的功能，成为基层社会治理有效化的又一条重要路径。事实上，除却表面上政协引领、政协协商全程参与的规范化程序，我们还需要看到其中对基层相关利益群体在协商意识上的宣传引导。每一个议题，从其提出到调研，再到解决的整个过程，便是基层协商走上专业化、规范化的成长印记。

3. 协商民主氛围的营造、群众的参与、协商意识的增强是基层群众自治的活力所在

归根结底，自治，即基层群众自治，是社会主义民主政治进一步发展的根本活力所在。因此，如何充分挖掘民众参与地方事务、解决地方性民生问题的积极性，成为乡村治理的持久课题。基层群众自治并非只限于社会治理视角的自治，它还应该包含经济、文化、生态等方面的自治。由此，营造协商民主氛围，提高群众的公民素质，激发百姓对村集体及社区经济、社会、文化、生态等各类事务的参与意识，培养群众的主人翁意识，应该是实现人人参与、人人共治的关键。

乡村基层党组织的建设现状
——基于湖北省监利市王小垸村的调查

罗一格[①]

一、调查背景与目的

  党的农村基层组织是党在农村全部工作和战斗力的基础,全面领导乡镇、村的各种组织和各项工作。乡村振兴战略是党的十九大提出的一项重大战略,党的二十大进一步明确全面推进乡村振兴的重大任务。因此,乡村振兴是关系全面建设社会主义现代化国家的全局性、历史性任务,是新时代"三农"工作总抓手。办好农村的事情,实现乡村振兴,关键在党。党的十八大以来,以习近平同志为核心的党中央高度重视党的农村基层组织建设,大抓农村党支部工作、建强战斗堡垒,取得明显成效。当前,农村改革不断深化,推动新时代乡村全面振兴的目标任务艰巨,必须把党的农村基层组织建设摆在更加突出的位置来抓,加强和改善党对"三农"工作的集中统一领导,充分发挥党把方向、谋大局、定政策、促改革的主心骨作用,将党组织战斗堡垒作用和党员先锋模范作用切实发挥出来。

  笔者通过对湖北省监利市王小垸村基层党组织建设现状的调查,了解基层党组织在乡村治理体系中所充当的角色和作用;进一步探究基层党组织为促进乡村振兴采取的相应措施的利弊与落实情况。最后见微知著,归纳现阶段的基层党组织建设对于乡村振兴的意义,并提出自己的想法与思考。

二、调查的内容与方法

(一)调查内容

  在本次社会实践的调查过程中,笔者以"乡村基层党组织的建设"为主题,

[①] 罗一格为华中科技大学汉语言文学专业 2020 级本科生。

通过实地调研、访谈,了解王小垸村基本情况和党组织现状,探究了党组织在乡村振兴中如何发挥引领作用,最后指出党员队伍建设中存在的问题,并提出相应的完善建议。

(二) 调查方法

实地调研法、访谈法。

三、调查的结果与分析

(一) 基本状况

湖北省监利市王小垸村地处洪湖西岸,是监利东大门。东望洪湖山,拥有洪湖水面1.5万亩,属于"湖边村"。螺山干渠绵延4公里穿境而过,居民沿河而居。由于四面环水,地势低洼,外洪内涝的现象时有发生。

历史上,这里曾是湘鄂西洪湖革命根据地的前沿。1927年9月,鄂中特委在此发动和领导了鄂中"秋收暴动";1928年4月,监沔联县政府成立于此。

该村有村民小组6个,渔业小组1个。总户数525户,2584人。基本农田5124亩,拥有洪湖水面1.5万亩。农业生产上以渔业为主,其中虾苗养殖为其一大特色,并辅以种植业;人均年纯收入1.1万元。近年来,王小垸村正逐步推进洪湖旅游观光带建设,修建了总长度15.8公里的村级公路,发展乡村旅游业。并建有两座电力排灌站,为农业生产提供旱涝保收的保障。全村共有桥梁34座,其中公路桥梁12座。至2021年,集体经济已达25万元。

王小垸村在2009年被评为湖北省村级集体经济发展先进村,被湖北省委、省政府授予2011—2013年各年度省级文明村称号。另外,王小垸村党支部2012年获得荆州市争先创优先进党组织称号。

至2021年,全村共有中共党员91人,退伍军人41人。全村9人拥有博士、硕士学历,34人拥有本科学历。建档立卡精准扶贫户55户182人,残疾人35人。

多年来,王小垸村基层党组织坚持贯彻党的路线方针与政策。党组织内部分理财、理事两大班子进行分工协作,发挥党员的先锋模范作用。团结党组织内外的干部和群众,重视村民在乡村治理中的主人翁角色,每月开展党内学习,定期召开村民会议,公开村务财务情况,接受群众监督,合力推进乡村振兴。

（二）主要做法和成效

1. 电商助力，直播带货，打造绿色通道，应对疫情滞销危机

王小垸村濒临洪湖，过去祖祖辈辈靠下湖捕鱼为生。"清早船儿去撒网，晚上回来鱼满船"是对渔民生活的真实写照。王小垸村四面环水，地处物产富庶的长江中下游平原，水质优良、土层肥沃、气候湿润，适宜渔业和种植业发展。尤其是水产品，如河虾一类，质量上乘、口感独特、肉质鲜嫩紧实。从20世纪80年代初开始，全村有138户在洪湖从事围网养殖。从2000年开始，村里开挖虾稻池，农业生产改以虾稻连作为主，且一家一口约10.5亩的鱼塘，用以养殖螃蟹、牛蛙、桂花鱼等名优水产品。

2020年，新冠疫情来势汹汹，以虾苗养殖为主要经济支柱的王小垸村陷入滞产滞销危机。在此紧要关头，王小垸村党支部为避免积货减收的局面出现，积极向外界企业寻求帮助。"功夫不负有心人"，在村党支部的持续联络下，北京企业"信良记"向王小垸村伸出了援助之手。农户与企业之间立即签订合同开展合作，借助企业品牌的知名度将品质优良的产品通过电商直播的方式销往全国各地，为处在疫情滞销危机下的王小垸村打通了一条绿色通道。

得益于企业与热心网友的鼎力相助，在村党支部的带领下，500多户村民不仅扭转了亏损局面，还卖出了8万斤成品虾，创收返利5万余元。谈及此事，王小垸村村民冯爷爷激动地说："疫情期间，真的特别感谢村党支部给我们一家的关怀和支持，还给我们村争取到了这么好的机会。辛辛苦苦养的河虾不仅有了着落，还卖到了那么多地方去，挣到了钱不说，觉着就算天塌下来，有党支部为咱们撑腰，心里真的特别舒坦。"

2. 退垸还湿，发展旅游，净化水质，全面治污，建设美丽乡村

王小垸村的河流与湖泊星罗棋布，绿草如茵，且位于洪湖旅游观光带，旅游资源丰富。随着村里经济水平逐步提高，发展乡村旅游无疑成为王小垸村调整产业结构的新门道。就王小垸村是否应该发展旅游业这一问题，村党支部遵循民主决策工作法"4321"的原则，经村党支部提议，村"两委"商议，党员大会审议，最终由村民代表会议决议通过发展旅游业。

为更好地发展乡村旅游，村党支部展开了一系列行动。首先是响应国家号召，退垸还湿。村党支部派出理事班子，出面说服村民将先前自发占用的垸地拆除，退还湿地，并对部分村民给予一定补偿。此外，他们动之以情，晓之以理，让村民懂得了保护湿地的重要性，自愿自觉地配合退垸还湿的工作。

出于发展旅游业的需要，村党支部决定对村庄主路段道路进行整修，并在

路面铺设沥青混凝土。王小垸村地势低洼,早年间水利设施未修缮,常发生水涝灾害,村民自发修建了很多防护堤。随着水利工程兴修,涝灾积水的情况逐步减少,于是许多分布杂乱的防护堤遭到了废弃,阻碍了村庄道路的翻修。村党支部充分发挥党员的力量,让党员成为村民与党支部之间沟通的桥梁,挨家挨户做好村民的思想工作,拆除部分废弃的防护堤,对道路进行整平与黑化,在保证美观村容村貌的同时,也方便了游客与村民的出行。

3. 支部领导,村民互助,创设村级内置金融,实现共同富裕

在村党支部的引领下,王小垸村一直秉承互助合作、共同富裕的优良传统。其突出表现是在村里设一套独有的资金周转模式——村级内置金融。早在2006年,王小垸村便由村民发起,村委会组织牵头,成立了"夕阳红资金互助合作社"。入社要求必须为村里60岁以上的男性和55岁以上的女性,运作模式为入社村民每人一次性在合作社注入资金4000元,交由合作社管理。每逢生产投资时节,按银行利率借贷给本村资金周转困难户,扶持其发展生产。这种被称为"村级内置金融"的模式成效显著,得到了中国乡村建设研究院专家、学者的充分肯定。

合作社成立之初,村委会一次性注资50万元,湖北大学也注资10万元,作为合作社的起步资金。当年吸收会员86人,资金34.4万元,年末人均分红400元。而2018年底,全社已有会员265人,资金327.1万元,人均分红1300元,这使全村老年人的基本生活有了保障。而且,年资金周转对象达到101人,合作社扶持一大批养殖户走上了致富路。

这是属于王小垸村村民在村党支部带领下的独特创造,更是村里劳动人民智慧的结晶。因地制宜,结合本村实际情况摸索出独具特色的金融周转模式,争取让全村村民都能共享富裕成果,这种"应急"资金的设立让村民们生产投资更加安心,更有安全感,同时也加强了农业生产规避风险的能力,让"燃眉之急"能借"近邻之水"尽快消灭,促进乡村振兴,实现共同富裕。

4. 关怀点滴,发展文艺,丰富农余生活,促进精神文明建设

王小垸村村党支部十分重视村庄的精神文明建设。由于村内老年人居多,每年一度的重阳佳节便是王小垸村的重头戏。每年的这一天,村党支部便会提前准备好戏台、桌椅,鼓励有才艺、想表现的村民一起排练精彩的文艺节目,在节日当天召集全村村民一道共度佳节。

王小垸村村民李奶奶十分喜爱黄梅戏,说到重阳节村里的文艺汇演,她高兴地说:"每年最让我盼着的日子,除了过年的时候在外打工的儿子回来,就是

这重阳节了。去年的文艺汇演,村里的几个姑娘还在台上唱了一段《女驸马》,直到现在我想起来都觉得心里特高兴。"除了李奶奶,还有一位张婶婶也分享了她的感受。张婶婶每天傍晚都会和村里其他村民一起在村口空地上和着音乐跳跳广场舞,每年的文艺汇演她都是常客,"每次有节目要表演了,我们都会一起上台跳跳舞,打打腰鼓什么的,热热闹闹的才叫过节嘛"。

多姿多彩的生活照亮了老人们原本略显孤单的晚年,这离不开王小垸村党支部对村民的关心和爱护,也让村民们的精神世界更加充实、富足。

(三) 问题和建议

1. 选派党支部第一书记的制度之完善

问题的症结在于,各村支部的第一书记往往并不熟悉村里的具体情况,"空降"到村使得他们"水土不服",对相关工作缺乏一定的认识,个人素质得不到充分的锻炼与发挥。

2. 合乡并村存在一些弊端

合乡并村打破了村内原有的秩序,一些地方面和心不和。而合村也不可避免地导致历史长河中的一些乡名、村名消失,这在一定程度上也唤起了部分人的"乡愁"。合村铺大了摊子,也使办事变得麻烦起来。如2018年王小垸村和兴旺村合并,而班子建设以王小垸村人员为主,村级财务仍然是两本账。党支部书记是王小垸村人,基本上不管原先兴旺村的事。服务半径的扩大使基层服务覆盖率上升的同时,也让最底层的基层政权和组织离村民越来越远,办事的成本也越来越高,这反而增加了群众生产生活的不便。

3. 乡村文化建设存在局限性

在乡村文化建设方面也存在几个问题。一是村级的文化室有局限性,一些优良的报刊或书籍大部分都"沉睡"在村委会的活动室中,并没有名副其实地做到对外开放;二是村党支部应更多地引导村级文化活动向弘扬正能量、积极向上的方向发展,丰富文化活动的内涵和形式。就拿王小垸村举例,村庄占地面积大,而供村民活动的广场只有一个,文娱活动似乎也只局限于广场舞。如果能适当地扩大村民进行文娱活动的场地,增设一些如文化栏、读书角、健身坊等新功能区,会更有利于村民丰富精神世界,促进其全面发展。

4. 村党支部需要发挥好党员的先锋模范作用

村党支部要落实好党员的素质与理想信念教育,对下派的第一书记要建立健全任期目标责任制和晋升激励制,注重农村党支部书记的内育和培养,变"输血"为"造血",增强队伍的纯洁性和战斗力。同时要鼓励德才兼备的青年回乡创业,加快城乡融合发展。更要重视党员在群众与党支部之间的纽带作用,强化党支部在乡村治理中的凝聚力、号召力。

乡村振兴战略视域下"党建＋"特色发展模式探析

——基于广西壮族自治区平果市的调查

熊映萱[①]

一、调查背景与目的

在中国共产党成立100周年之际，我们聚焦农村基层党组织建设。基层党组织作为党的执政根基，是党在社会基层组织中的战斗堡垒，是党的肌体的"神经末梢"，是党执政大厦的地基。在乡村振兴的战场上，要坚持以"党建＋"为引领，围绕"产业兴旺、生态宜居、乡风文明、治理有效、生活富裕"二十字总要求，全面实现基层党建和乡村振兴双赢。加强农村基层党组织建设，是乡村振兴的重要内容和主要任务。"党建＋"模式是指把党的建设融入党的各项事业、各项工作，通过构建以党建为引领，统筹推进各项工作的新机制，推动党建工作与中心工作深度融合，充分发挥党的领导核心作用、基层党组织的战斗堡垒作用、党员的先锋模范作用，更好地推动党的事业发展。其核心在于确立党建工作在各项工作中的主导引领地位，其关键在于将党建工作与中心工作相互融合，其目的在于推动党建工作效能最大化，实现党的建设和党的事业相互促进。

笔者前往平果市进行社会实践，旨在以"党建＋"示范引领作用剖析典型贫困村域的转型发展，探究党的基层组织调动乡村地域多个方面的机制，实地考察平果市乡村振兴成功案例，总结其振兴发展经验，为民族融合背景下的基层党建与乡村振兴共同发展提供参考。同时调研平果党组织挖掘"红色文化"，传承非遗文化，发展乡村特色旅游，着力打造特色生态农业观光旅游带等方面的过程与积累的经验，在突出基层党建在乡村振兴中调动各方资源、巩固脱贫攻坚成果的引领示范作用中可为其他市、县提供借鉴。

---

① 熊映萱为华中科技大学公共事业管理专业2020级本科生。

二、调查的内容与方法

（一）调查内容

在本次社会实践的调查过程中,笔者以"'党建＋'乡村振兴模式"为主题,深入分析了"党建＋"模式下的组织建设情况、人才培育情况、产业发展状况以及乡风文明建设情况,得出一系列调研结果,以此总结平果的成功经验,同时指出了"党建＋"模式落地时存在的问题,提出了完善的建议。

（二）调查方法

田野调查法、访谈法。

三、调查的结果与分析

（一）主要做法和成效

"党建＋"乡村振兴模式在广西平果成功实践,平果市不断加强基层组织建设,通过建强"四支力量",发挥各级党组织统筹引领作用等,以高质量党建助推乡村振兴。广西平果"党建＋"乡村振兴模式包括"党建＋组织建设""党建＋人才支持""党建＋产业发展""党建＋乡风文明"等四大方向。

1. 党建＋组织建设,助力乡村振兴

"农村要发展,农民要致富,关键靠支部。"党组织的战斗力和凝聚力在巩固脱贫成果、助力乡村振兴建设中起着至关重要的作用。推进基层党组织建设:一是聚焦主体责任落实,强化全面从严治党合力。实施"党建问效"工程,2020年该市市、乡两级党委共召开 38 次专题会议研究党建工作,利用随机现场问效、书记述职、实地督导等方式开展"党建问效"工作,全面压实第一责任人责任。建立市委常委班子成员带头落实党支部工作联系点制度。每位市委常委确定两个党支部作为联系点,定期到联系点调查研究,参加党内生活,指导组织建设,帮助农村党组织解决问题和克服困难。二是全面规范管理服务,增强党组织凝聚力。严格执行报告工作制度,每季度,屯级党支部、党小组向行政村党组织委员会报告工作;每年底,村民委员会、村务监督委员会、村集体经济组织和共青团、妇联、民兵营等群团组织向行政村党组织委员会报告工作。持续整顿软弱涣散(后进)村党组织,对排查出的 3 个软弱涣散、10 个后进村级党组织,

逐村制定"一村一策",通过制定一套整顿细案、一名市领导挂点、一名乡镇主要领导包村、一个市级单位帮扶、派驻一支工作组、从市级选派一名第一书记、定一批帮扶项目、建一个坚强班子等措施完成整顿,抓实党支部标准化建设。

2. 党建+人才支持,助力乡村振兴

乡村振兴,人才为要。习近平总书记高度重视人才的重要作用,他指出,发展是第一要务,人才是第一资源,创新是第一动力。①平果市加强引才育才。面向社会公开选拔村(社区)后备人才,目前共储备村级后备人才1643名,通过结对帮带和实践锻炼加强培养。②优化"头雁"队伍。全面推行村(社区)"两委"正职"一肩挑"工作,及时把致富能手、外出务工经商返乡人员、本乡本土大学毕业生、退役军人等优秀人才充实到村干部队伍中。目前,该市183个村(社区)中,174个村(社区)实现党组织书记、村(居)民委员会主任"一肩挑",占总数的95.08%。③强化监督管理。完成183个村(社区)党组织书记"一人一档"备案管理,全面推行村级党组织书记职责清单、负面清单、年度任务清单工作制度,压实村党组织书记责任。按照月初有任务、月末有考核、季度有评比的方式对村级党组织书记工作实行量化考评,以乡(镇)为单位对村支书、主任"一肩挑"横向排名,评比结果与绩效工资和下届任职挂钩。④加强教育培训。该市本级共组织开展培训班15期,培训村级党组织书记376人次,并安排366名市直单位优秀党员领导干部与183名村级党组织书记进行联系帮带,帮助其理清思路,提升工作水平。

3. 党建+产业发展,助力乡村振兴

巩固脱贫成果,发展产业经济是治本之策。平果市坚持以党建为引领,以激发内生动力、提高自主经营收入比例为重点,把发展壮大村级集体经济作为乡村振兴建设的重点,推动村级集体经济提质增效。一是明确"党建+责任落实",强基础。将发展壮大村级集体经济作为"书记工程",明确各级党组织书记作为发展壮大村级集体经济第一责任人责任,纳入基层党建述职评议考核的重要内容,作为年度考核、评先选优、推荐"两代表一委员"的重要依据,增强党组织书记主动担当、主动发展的意识。市级政府统筹整合2.25亿元资金用于发展壮大村集体经济,引入南华糖业、时宜农业科技公司、富鹏农牧公司、海大集团、绿健牧业、弘步多农牧有限公司、广西国控林业投资公司7家龙头企业参与村集体经济建设,以桑蚕、油茶、糖料蔗、林下养鸡、生猪、肉牛等优势产业为突破口,推动村集体经济高质量发展。二是拓展"党建+特色产业",强质量。实行"一乡一案""一村一品"指导思想,推行"党支部+龙头企业+村民合作社""党员+农户+特色产业"等"党建+"模式,不断创新丰富村集体经济发展模式,增强村民合作社自我造血功能。采取"党支部＋公司＋合作社＋基地＋贫困户"模式,打造2400亩的广西国控林投平果村级集体经济油茶产业示范园,有效带动周边40个村集体经济薄弱村参与联营油茶,同时创建15个平果市级集体经济产业示范园,实现全市181个村(社区)产业全覆盖。积极引导各村民合作社将自主管理的村集体经济发展项目资金,发展种桑养蚕、油茶、肉猪等"5＋2"特色产业,全市54个贫困村每村至少有一项自主发展项目。

4. 党建＋乡风文明,助力乡村振兴

乡风文明是乡村振兴的灵魂,平果市坚持"党建引领、德治为先"的乡村治理思路,贯彻"三个阵地、四支队伍、五个重点、六种模式"的思路,探索建设新时代讲习所,通过"讲"与"习",激发和凝聚全市干部群众巩固脱贫攻坚成果的强大动力,全面推进乡风文明建设,助力乡村振兴建设。平果市实施"新时代讲习所十百千工程",根据不同行业、不同领域实际,突出便民、高效、实用原则和"六有"(有场地、有机构、有师资、有制度、有标识、有资料)创建标准,全覆盖式建立县、乡、村三级讲习所,形成上下联动、齐抓共管、协调配合的良好工作局面。"讲"与"习"强调五个重点。一是重点讲思想确定方向。深入宣讲党的二十大精神和习近平总书记在广西调研时的重要讲话精神等,确保广大干部坚定不移沿着正确方向前进。二是重点讲政策理清思路。深入宣讲党和国家的方针政策、重大决策部署以及脱贫攻坚政策等,帮助干部群众理清发展思路。三是重点讲技术增强本领。按照"缺什么、补什么"的原则,深入田间地头讲解各类实用技术,增强群众技能本领,提升自我发展能力。四是重点讲道德坚定信念。深入开展理想信念、社会主义核心价值观以及传统美德、家训家风等教育活动,激发干部群众巩固脱贫攻坚成果的动力。五是重点讲法制严明规矩。加强法制教育和纪律教育,让广大党员群众知法、懂法、守法,提高用法律武器保护自身合法权益的能力。

(二) 结论与建议

通过本次的思政社会实践——"平果"之旅,笔者收获了许多基层党建的经验,也针对平果市"党建＋"乡村振兴的模式进行了系统的分析,同时根据亲身调研总结了平果市其他方面的乡村振兴经验,并通过理论和现实之间的落差找出当地在助力乡村振兴过程中存在的问题。

1. 不断加强基层组织建设

我们认为,"党建＋"乡村振兴模式能够在广西平果成功实践,离不开平果市不断加强基层组织建设,营造市内良好的红色文化氛围,发挥各级党组织统筹引领作用,以高质量党建助推乡村振兴的种种努力。

从第一天到达平果并进行了一个全城总览到最后一天离开,我们全队最深刻的感受就是平果的党建无处不在。全城都是党建"软宣",从车牌、路牌到公交车内部,从横幅到电子屏显示,无不营造了非常好的党建氛围。让民族团结的思想得以弘扬,让"党史"活起来,不再是躺在史书中,被束之高阁,而是通过明白晓畅的小故事深入人心。2021年正值中国共产党成立一百周年,平果市在市中心开展"永远跟党走"书法、美术、摄影作品展,庆祝中国共产党成立一百周年,以及平果市撤县设市一周年,活动选择在市中心人流量最大的地方,以期达到较好的宣传展示效果,让"党建+乡风文明"在潜移默化中实现。

在基层党建大力推进宣传工作的背景下,在这样一个洋溢着红色文化的氛围中,我们进一步探索"党建+"乡村振兴模式在平果的运行和内在逻辑。按照设想,我们从"党建+组织建设""党建+人才支持""党建+产业发展"等维度入手,但所获得的结论与前期研究内容和文献综述中的内容有一定的出入,和我们所设想的有些相悖。

对于"党建+组织建设",我们主要分三个主题进行调研,分别为政府的组织建设、学校的组织建设和社区治理的组织建设。政府的组织建设是我们前期了解最多,同时花较大精力去描述分析了的,实地考察所获资料与前期所获无异,在这里就不赘述了。学校组织建设和社区治理组织建设是我们考察的重点内容,在平果高级中学和吉祥社区,我们得到一些有趣的结论。

平果高级中学的党支部根据教师教学科目和职能分为四个支部,每个支部设置书记、副书记、组织委员、宣传委员、纪检委员,并在支部内分小组,以支部为单位开展党建活动,并且在学校班级中设置思政辅导员,由党员作为辅导员专职进行思政教育,带领学生开展思政活动。为了加强党史学习教育活动的组织领导,平果高级中学成立"开展党史学习教育活动"领导小组,由校长及党委书记担任组长,领导小组下设办公室,有详细的实施方案和学习安排。党建引领组织建设在平果高级中学发挥重要作用,严密的组织架构让我们收获颇丰。

吉祥社区"一部两会三中心"社区治理组织体系架构中的党建引领也体现得淋漓尽致。社区党委下有网格党支部(党小组)和社区后备人才党员,发挥党建引领作用;居民委员会、居民监督委员会、社区股份经济合作社下有网格片区居民理事会、网格片区居民监事会、居民小组长,发挥居民自治的作用;社区综治中心、社区人民调解委员、社区治保委员会下有社区综治中心成员、社区调解员、社区警务助理、社区法律顾问及社区网格员,负责社区法治工作;社区新时代文明实践站下有实践站成员、志愿服务队、网格片区新乡贤、网格片区文艺队、社区"四会"组织,负责社区德治工作;社区"智慧乡村"综合管理服务中心下有社区"智慧乡村"综合管理服务中心成员、信息管理员、社区微信公众号,负责社区智治工作。严密的组织架构和党建引领组织建设的明确方针让我们更深入地理解:基层居民自治组织的成功建立离不开党组织的领导和支持。

2. 重视人才支持

我们考察的重点是当地的教育现状和党员发挥先锋模范作用的实际情况,同时在调研过程中发掘了"党建＋人才支持"其他层面的内容。对于地方而言,人才支持离不开"培养人才"和"留住人才",而培养人才和留住人才关键在于教育。平果市政府十分重视教育,打造大学城引进外来教育资源,完善基础配套设施,培养大量的专业人才,为当地产业发展提供人才支持。谈到人才和智力支持,不得不提到发挥先锋模范作用的党员,我们到果化街头"双高"甘蔗示范基地,了解当地"党支部＋龙头企业＋村民合作社""党员＋农户＋特色产业"等"党建＋"模式,询问当地党员在产业发展中提供的智力支持。提及党和党员,当地老百姓都赞不绝口,在他们看来,"党员"的身份是一种荣耀,党员会带来许多经验和机会,带领农户们发展产业,发家致富。除此之外,在吉祥社区的社会调查中,我们也深刻地体会到了党员的先锋模范作用。在吉祥社区党群服务中心访谈时,我们留意到工作人员正在给居民分发党史学习书籍,通过询问得知,社区定期举办党建活动,当时在举办"学党史"的活动,由党员带头,发挥先锋模范作用带动全民学党史。

3. 与产业发展齐头并进

平果市能够成功实现脱贫攻坚并推动乡村振兴建设,离不开当地的产业发展,重工业、特色农业与服务业共同支撑起平果市的可持续发展。第一、第二、第三产业并重,铝业在原来以原材料出口的基础上延长产业链,提高附加值,同时增加当地的就业岗位,与脱贫攻坚中的扶贫车间联动,在获得经济增长的同时,解决了在家门口就业的问题。当地的特色农业依靠当地特殊的地理条件,大规模种植热带、亚热带水果,形成规模效应,减少成本,出口到外地,实现经济增长。当地的第三产业是以餐饮业为代表的服务业,在满足市民基本生活需求的基础上,增加当地娱乐休闲方式,让当地居民的生活更加丰富多彩。而党建引领又是怎样在其中发挥作用的呢?我们到"双高"甘蔗示范基地和铝业公司,希望能够实地考察党建引领产业发展的情况,但由于实际情况受限,"党建＋产业发展"大部分结论还是来自当地的新闻宣传和二手资料,没有真正和管理相关党建工作的人员进行深入的探讨和交流。

对于乡村振兴中的产业发展升级,我们有了进一步的了解。据了解,当地的水果产业十分发达,水果价格较低,当地农民与党支部、合作社合作,在收获季节举办美食节,吸引市民到基地进行水果购买与采摘,也可将水果统一打包销售给下游产业,为当地农民提供一个稳定的销售渠道,让农民放心种植。平果当地的第二产业也十分发达,平果早年就是一个依靠铝矿资源实现经济发展的城市,后来为响应国家建设可持续发展城市的号召和改善资源过度开发、资源枯竭、环境恶化的情况,平果市大力发展铝制品加工工业,延长产业链,提高产品附加值,铝业至今仍是平果市的支柱产业,为当地民众提供了大量就业机会。

4. 其他经验总结

除了以上总结的经验,我们还总结了平果在乡村振兴中的一些其他经验。发掘红色文化,发展旅游业,既达到了营造红色氛围的目的,又实现了经济的增长。我们在果化镇苏维埃政府旧址和邓公山参观学习,了解了平果和邓小平的故事。土地革命时期,邓小平曾五次途经或进驻果化,他实事求是,富有胆略,运筹帷幄,与张云逸、韦拔群、李明瑞等发动并领导了百色起义,建立了红七军和工农民主政权,创建了右江革命根据地,并加强根据地建设,发展和壮大了红七军,写下了光辉的历史篇章。在改革开放时期,邓小平关心平果发展,他敲定了铝都的发展方向,使得"平果铝"筹建工作取得决定性转折与突破。平果流传着许多关于邓小平同志的故事,这些故事没有淹没在历史的尘埃中,而是被挖掘和传颂,让平果人民有着红色基因一样地对红色文化有着天然的认同感。

"芦仙湖"之旅,让我们深深地感受到"绿水青山就是金山银山",生态恢复、平衡才能实现可持续发展,生态保护或许不能带来一时的收益,甚至还会付出较大的代价,但后期会受益无穷。

最后,不得不提的是平果的非遗文化传承。平果是民族聚居区,各民族文化、民俗多样,我们到壮族嘹歌基地深入了解了非遗文化传承的现状与困境。通过对非遗传承人的访谈,我们了解到非遗文化传承现状较为良好,政府大力支持,实现了非遗进课堂,周末也有大学生到基地进行壮族嘹歌学习。同时,平果市文化局还通过举办比赛和专访,来提高壮族嘹歌的影响力。非遗文化的传承也面临困境,真正专业专职的传承人越来越少,非遗文化需要传承和发展,需要投入更多的人才,但现今真正了解和喜爱非遗文化的人越来越少,非遗传承之路,道阻且长。

基层疫情防控的经验与成效
——基于湖北四市的调研

贺云飞[①]

一、调查背景与目的

2021年夏季,随着德尔塔变异株的流行,全球新冠疫情反反复复。国家卫生健康委党组坚决贯彻落实习近平总书记重要指示批示精神,坚决贯彻落实党中央、国务院决策部署,始终把新冠疫情防控作为头等大事,坚持"人民至上、生命至上",各方强化责任担当,各地落实"四方责任",排查风险、堵塞漏洞,扎牢扎紧疫情防控关键防线,全力以赴进行新一轮疫情防控阻击战。

在此背景下,笔者前往湖北京山、荆州、襄阳和宜昌四地调查疫情防控工作的开展情况,配合当地落实疫情防控指标,为疫情防控贡献"青春力量"。这既能加强我辈的自我奉献意识,也能让我辈更加明确当代青年的历史使命,在实践中切实体会我国的社会主义制度优势,增进对党的领导下中国国情的认识,将自己培养成为中国特色社会主义建设奋斗终身的有用之才。

二、调查的内容与方法

(一)调查内容

笔者以"疫情防控,人民至上"为主题,前往京山、荆州、襄阳、宜昌四地调查当前各地疫情防控工作的开展情况,配合当地落实疫情防控指标。有的放矢,总结防疫经验、发现工作不足、探寻科学方法,以期建立更全面、更完善的应急处置机制,遏制疫情蔓延势头,打赢疫情防控阻击战。

(二)调查方法

实地调研法、访谈法。

---

① 贺云飞为华中科技大学法学专业2020级本科生。

三、调查的结果与分析

（一）主要做法和成效

本次湖北四地疫情防控调查实践，笔者学习到如下几点疫情防控经验与做法。

1. 党委统一领导

集中力量办大事是中国特色社会主义制度的独特优势，组织优势是抗击新冠疫情的制胜法宝。习近平总书记提出"坚定信心、同舟共济、科学防治、精准施策"的总要求，在党中央统一领导下，各地积极响应中央抗疫大政方针，打响打赢疫情防控阻击战。湖北省各地的疫情防控工作也正体现了基层党组织的战斗堡垒作用，体现了党委统一领导的重大优势和集体智慧。

在湖北京山的抗疫调研中，我们实践团队队员感悟到了党在整个抗疫工作部署、展开过程中的领导责任。一是组织领导，全市的防疫工作都由市委领导牵头成立指挥部；二是各街道、乡镇，各路口、道路，都设有党支部领导下的防控工作点，以基层党组织为单位，包联各社区的防疫工作；三是党员先锋模范作用的体现，奋战在一线的人员中大多数都是党员干部，由基层党组织带领，各直属企事业单位的党员干部都率先站出。

在荆州市此次抗疫工作中，党员干部身先士卒，奔走在疫情防控第一线。荆州市防疫指挥部及时下发管理文件，派遣干部至社区了解情况，统筹安排中高风险片区防疫工作，并在酒店设置外来人员隔离点、核酸检测点，更全面地落实联防联控措施。此外，广大党员也充分发挥了先锋模范作用，他们带头报名成为社区志愿者，为住户核查行程、测量体温，配合维持居民秩序，极大地减轻了各方防疫压力。

在2022年新一轮疫情防控形势下，谷城县委党校认真贯彻落实全省疫情防控工作会议精神，迅速响应，加强领导，抓严、抓实、抓细各项疫情防控措施，多措并举，持续巩固疫情防控成果。第一时间召开会议，传达学习省、市、县关于疫情防控工作的最新要求，成立多个工作小组，分别负责指挥协调以及各包保小区、家属院防控工作。从思想上高度重视，在行动上迅速实践，杜绝侥幸心理、懈怠心态。

宜昌市的疫情防控按照党的指导思想严格执行，按照习近平总书记关于新冠疫情防控做出的一系列重要指示精神和《中共中央关于加强党的领导、为打赢疫情防控阻击战提供坚强政治保证的通知》部署要求，积极发挥党组织在疫情防控中的作用。党委统一领导,有利于发挥总揽全局、协调各方的领导核心作用,组织多方力量,凝聚广大党员,动员人民群众,构筑疫情防控的坚固防线,建立完善的组织体系。在党委统一领导下,湖北省各地疫情防控工作卓有成效,生产生活秩序持续恢复,体现了中国特色社会主义制度的抗疫智慧。

2. 发挥群众力量

习近平总书记指出:打赢疫情防控这场人民战争,必须紧紧依靠人民群众。长期以来,全国抗疫主要依靠的是群众力量。在湖北京山的调研中,队员切实感受到了这一点。本次疫情中群众力量主要体现在广大人民群众为防控工作做出的牺牲。

荆州市沙市区长港路街道作为当地疫情的重点管控区域,抗疫工作能够在几天内取得重大成效,有赖于全体群众的配合支持。在采访中,社区工作人员段先生特别提到居民们严格遵守社区防控要求,减少了外出频次,同时对检测、登记等工作十分配合。群众中也涌现出大量的热心人士,有效弥补了人手短缺的问题,使得各项工作都能全面落实、稳步推进。

襄阳市谷城县通过多种形式发挥群众力量,践行群众路线。人民群众积极参加志愿工作,挨家挨户摸排社区家庭成员、出行返乡轨迹和疫苗接种状况,同时倡导社区居民配合社区工作,积极上报信息,自觉遵守戴口罩、测体温、不聚集、常消杀等各项疫情防控保护措施,从人民出发,更好地保护人民群众的卫生健康安全。

宜昌市的疫情防控工作中群众的积极性得以充分调动,每个个体都发挥了自身力量。通过安保人员张师傅的介绍和实践团队调研小组组员实地观察发现,进出小区时绝大部分居民都无须提醒而自觉扫码。在疫情反复那几天,很多业主主动担任志愿者的角色,做好防疫宣传,值守小区大门。经历过2021年的疫情后每一个人都具备了较好的防疫意识,也主动扮演好防疫主人翁的角色,为疫情防控贡献个人力量。

在此次疫情阻击战中,中国人民展现出无可比拟的凝聚力与向心力,这是中国特色社会主义的制度优势,更是中华儿女传承千年的民族气节。大灾大难来临之时,全国人民总能坚如磐石、同甘共苦、团结一心。病毒面前,人民群众紧跟中国共产党的领导,始终心往一处想、力往一处使,共同筑起"全民抗疫"的铜墙铁壁,有力地遏制了疫情扩散,成功保障了人民群众的根本利益,也为世界抗击新冠疫情做出了不可磨灭的贡献。

3. 科学精准施策

习近平总书记在中央政治局常务委员会会议上曾多次强调,"坚持科学防治,突出精准施策,防输入防扩散、坚决切断疫情传播链"。科学精准防控,是党和政府坚持科学执政行政的体现,也是遵循疫情防控规律的要求,既要保障人民生命健康,又要注意把握防控尺度,切实保证人民群众正常生活生产需要。

在湖北京山的调研中,实践团队队员们清晰地感受到科学精准防控的必要性。一是依靠科技力量,提高疫苗接种率,由各单位党组织安排党员电话进社区,通知应接种而未接种的居民接种疫苗,并提供免费交通支持;二是防控政策具有针对性,比如通过对京山市防控指挥部的通告的分析,队员发现防控措施主要是针对外来返乡人员的登记与隔离,考虑到市内无病例、市外有输入风险的情况,对市内人员并无过分要求;三是及时调整防控政策,根据十四天的封控解控标准以及周边县市疫情实时动态,京山防控指挥部及时调整对外道路封控的时间,确保在疫情防控安全的基础上保障人员正常流通,地方经济持续发展。

荆州市2022年本轮疫情,相较于上年,在规模、扩散速度等方面都有所不同。荆州市上至政府,下至各社区、小区组织,根据疫情变化和特点,灵活地调整了防控措施。首先是划分风险区等级,对重点防控区实施封控管理、封锁出入,低风险区尽量维持正常运转,分别实施一至三轮核酸检测,社区、小区管控张弛有度,不对居民外出实行"一刀切"。其次是及时恢复秩序,市防疫指挥部在一个疫情周期无新增,确保落实常态化疫情管控措施后逐步恢复交通,对景区、图书馆等通风较好的场所限流50%开放,最大限度地保障居民正常生活。

襄阳市谷城县通过科学精准施策持续落实防控任务,对于疫苗接种问题,采取宣传到位、管控到位、服务到位的全方位工作方针——通过悬挂横幅、张贴海报、"村村响"喇叭和宣传车广播等形式加强宣传;做好核酸检测、集中隔离和居家隔离等工作,采取物资奖励、爱心专车接送、医护人员进社区等形式做好接种疫苗服务,从而巩固疫情防控成果,做实疫情防控工作。

在宜昌市的调研中,队员发现,运用科学的方法来进行疫情防控是战胜疫情的关键。社区会要求从中高风险地区返宜人员主动上报,社区网格员及相关工作人员也会积极联系返宜人员进行情况了解,对从中高风险地区返宜的人员多采取定期核酸检测、居家隔离14天的措施,减少人员接触。作为网格员及社区工作人员应该时刻关注居家隔离人群的动向,并及时对其提供帮助。除了社区对该类人员的管理外,员工所在公司也采取了要求其居家隔离、核酸检测等常规防疫手段,所以对于外地出差返宜人员有着较好的管理。对于特殊人群运用特殊的防控手段,这既体现了科学防控,也体现了人情温暖。

4. 多方联防联控

多方联防联控是党中央为应对疫情而采取的一种科学有效的防控手法。多方主体团结一致,层层防控,面面俱到,不漏掉一个人,不给疫情一丝反弹的机会。当全国人民一条心,当全国人民的力量拧成一股绳时,当多方主体各司其职、齐心防控之时,疫情必然被打败。

在湖北省京山市,行政机关、社区、党员共同发力。社区依据疫情实时情况,以防控外来疫情输入为主,做到进出登记扫码、外来人员返乡报备、中高风险地区人员返乡隔离等措施。并以物业为疫情防控主要单位,事业单位作为包联单位,定点派驻党员值守。在基层党组织的领导下,党员干部下沉社区、值守居民点。

在湖北省襄阳市谷城县,为了进一步加强暑期疫情防控和及时应对疫情发展状况,城关镇出台了相应的疫情防控政策文件,并通过社区工作、志愿服务、多方配合等多种形式进行落实,及时采集居民信息,出台配套防疫方案,积极开展志愿工作。除在各医院提供疫苗接种服务外,还设有专门接种疫苗和进行核酸检测的防疫站,在街道等公共场合明显位置张贴、悬挂疫情防控的相关标语,鼓励居民积极上报风险地区往返状况、配合疫情防控工作和及时接种疫苗等。

在湖北省荆州市沙市区,荆州防疫指挥部发布防疫文件,为防疫指明方向;多点设立核酸检测点,封控小区,减少人口流动;志愿者积极配合社区开展核酸检测、登记各项工作;小区居民积极配合,为战胜疫情贡献自己的力量。

在湖北省宜昌市,物业严格按照国家及宜昌市政府的防疫要求制定防疫流程及措施,小区把防疫的关口放在安保人员对进出人员的管理上,要求居民进出小区必须佩戴口罩,扫健康码给值班安保人员察看后才被允许进入。对不遵从规定的居民,多次提醒、劝诫。对从中高风险地区回来的居民,采取进行核酸检测、居家隔离14天的措施,减少人员接触,直至隔离期结束,确认无感染后再进行正常活动。

(二) 调查结论

1. 党的集中领导是政治保证

中国共产党的领导是中国特色社会主义最本质的特征,是中国特色社会主义制度的最大优势。

打赢疫情防控阻击战的根本和关键是始终坚持党的领导。"事在四方,要在中央;船重千钧,掌舵一人。"如果没有党中央的集中统一领导,国家的疫情防控工作必然会群龙无首、杂乱无章,如同一盘散沙。中国共产党在疫情暴发的第一时间发出打响疫情防控人民战争、总体战、阻击战的动员令,迅速发挥总揽全局、协调各方的领导核心作用。习近平总书记高度重视,时刻关注疫情形势,关切人民生命健康,亲自指挥,亲自部署,第一时间提出"坚定信心、同舟共济、科学防治、精准施策"的总要求,各地因时因势制定重大战略、周密部署各项策略、精心谋划科学指导,把疫情防控工作作为特定阶段国家需要解决的头等大事来对待。

在湖北四地的调研中,面对疫情的反复,党中央当机立断,严密防控,不因有了局部战胜疫情的经历而掉以轻心。在党中央的统一领导下,各地基层党组织积极响应,发挥战斗堡垒作用;基层党员将责任扛于肩,发挥先锋模范作用;党组织"一夫当关,万夫莫开",发挥中流砥柱的作用。

坚持党组织的领导不仅可以带领我们战胜疫情,在未来,在党组织的领导下我们更可以战胜一切困难,让中国声音愈发响亮!

2. 集中力量办大事是制度优势

我国社会主义制度具有非凡的组织动员能力、统筹协调能力、贯彻执行能力,能够充分发挥集中力量办大事、办难事、办急事的独特优势。这次抗疫斗争有力彰显了我国国家制度和国家治理体系的优越性。

在湖北四地的调研中,所有队员都亲身感受到集中力量办大事这一制度优势。在党的领导下,社区居委会、包联单位、医疗机构、交通管制部门等实现多方联动。

集中力量办大事使各界在面对疫情时"拧成一股绳"。综合京山、荆州、襄阳、宜昌四地疫情防控情况来看,可以观察出许多共性,比如,防控期间居民、物业、社区网格员、包联单位等多方参与、共治共防。抗疫需要医疗、社区管理、物资调度等各方面的综合协调,在小组队员询问相关工作人员、党员干部时,大家了解到,当地的抗疫往往会调动党员力量(比如党员干部下沉一线,支持各项急需人力的工作)、医疗力量(比如扩大核酸检测范围,加强疫苗接种力度)、宣传力量(比如张贴防疫告示,悬挂横幅,利用新兴传媒力量融媒做好宣传工作)等,多方力量共同治理。

2022年8月底,荆门、武汉等地疫情形势转好,中高风险地区相继"转码",民众再次投入正常的生活生产之中。疫情防控攻坚战的伟大胜利,离不开社会各方力量、各条战线、各个领域团结一致、同心同德、共克时艰的努力。疫情防控形势的大逆转展现出中国特色社会主义制度和国家治理体系在面对艰难挑战时的巨大优越性。

3. 抗疫精神是精神支撑

伟大抗疫精神是在抗击新冠疫情中形成的万众一心、同舟共济的守望相助精神,是闻令而动、雷厉风行的英勇战斗精神,是顾全大局、壮士断腕的"一盘棋"精神,是舍生忘死、逆行而上的英雄主义精神,是充满信心、敢于胜利的积极乐观精神……概括起来就是:"生命至上,举国同心,舍生忘死,尊重科学,命运与共"。

生命至上,是誓死捍卫群众生命健康安全的决心。我们了解到,各地为了督促居民进行疫苗接种,逐户走访、宣传鼓励、完善服务,只为守护每一个人的健康。我们见证着,疫苗接种覆盖率的稳步提升为疫情防控筑起了坚实屏障。

举国同心,是全国上下同舟共济、群策群力的壮志。我们的目光聚焦在湖北省,看到全省各地、各个部门的联防联控稳步推进;看到我们调研的、紧紧相依的四个地区,各自为打好湖北疫情防控阻击战站好自己的岗位,共同筑牢湖北地区抗击疫情的防护墙。而且我们知道,在更广阔的神州大地上,举国上下众志成城,都在为打赢疫情防控阻击战不懈奋斗。

舍生忘死,是新时代伟大奉献精神崭新的注脚。有了 2020 年严峻的疫情防控中舍生忘死、敢为人先的光辉榜样,2021 年我们看到年轻人积极参与社区服务活动,党员主动下沉发挥先锋模范作用,群众积极配合疫情防控工作,这些无一不是伟大奉献精神的体现。

尊重科学,是疫情防控必须掌握的有效武器。对症下药、因地制宜、量体裁衣,是"具体问题具体分析"的马克思主义方法论的朴素演绎,也是各地进行疫情防控的鲜活实践。各地积极加强疫情防控的科学宣传,把好舆论关,防止谣言传播,同时加强疫情防控的科学施政,用科学方法落实防疫政策。

命运与共,是各地乃至全国共同抗击疫情的真实写照。本次社会调查的对象,既有疫情形势较为严重的荆州,也有一直处于低风险的其他地方。各地同舟共济、命运与共,为抗击疫情贡献自己的力量,不论何时都是牢固的命运共同体。

在本次暑期社会实践调查中,我们发现湖北四个地方的疫情防控显著体现出伟大的抗疫精神。2020 年 9 月 22 日,习近平总书记在教育文化卫生体育领域专家代表座谈会上强调,要大力弘扬伟大抗疫精神。时光飞逝,将近一年的抗疫斗争走过,不变的是伟大的抗疫精神,新一轮的疫情防控中依然熠熠生辉,指引着疫情防控取得一次又一次胜利。

(三) 问题和建议

1. 核酸检测过程中有人群聚集风险

荆州市所属各地根据疫情严重程度的不同,分别进行了 1~3 次核酸检测,均在社区、街道临时检测点进行。由于设点较为分散,在检测过程中不可避免地出现了大量人群聚集的情况,对于在尚未排除感染可能性的地区的群众而言,这种形式无疑增加了病毒传播风险。对于老人、幼童等行动不便、抵抗力低下的弱势群体,人群拥挤、暑热威胁、长时等待等因素都成为很大的挑战。此外,部分检测点管控区域划分不明,造成群众选点错误,数据统计不全,大大降低了检测效率。

2. 各地区之间信息对接不完善

在本次调查中实践团队队员们了解到一个典型事例,在湖北多地疫情暴发之前,某小区一居民因学业需要拟前往美国,在持有核酸检测报告、绿码的情况下前往深圳转机,但由于各地区间信息登记互不畅通,该居民抵达深圳后发现健康码转红。经排查发现是在其抵达深圳后健康码变色,而非在湖北境内、航班途中,因此该居民立刻向当地社区提出申请并出示核酸检测报告等健康证明,当地处理的工作效率极高,当天下午就更正了错误,该居民得以及时登机。通过这件事,队员们意识到,全国各地的疫情防控工作都开展得卓有成效,但地区之间的信息沟通不善,对接不够灵敏,出现核酸检测无感染的人员转至其他城市时行程码立刻变红的情况,这就有可能导致其正常生活起居受到限制。此外,深圳当地政府、社区处理突发情况的高效率也引起了队员们的深思,与之相比,调研地部分组织的反应速度较慢,对居民提出的申请处理不够及时,在突发状况的处理方式上不够灵活,这一点同样值得调研地相关部门关注和改进。

互为促进:民族团结与乡村振兴的协作关系调查
——以云南省南涧彝族自治县亦可妈库村为例

熊江楠 王心怡 林静怡 许昉怡 龚楠 郭林峰 敖心怡[①]

一、调查背景与目的

中华民族共同体意识,伴随着中华民族从自在到自觉再到自强的历史进程萌生并逐渐发展壮大,为实现中华民族伟大复兴的中国梦奠定了坚实的思想基础。铸牢中华民族共同体意识,是实现中华民族伟大复兴的伟大觉醒、战略抉择、必由之路。习近平总书记曾多次强调"全面建成小康社会,一个民族都不能少""决不让一个兄弟民族掉队"。2021年2月21日,《中共中央 国务院关于全面推进乡村振兴加快农业农村现代化的意见》指出:民族要复兴,乡村必振兴。要坚持把解决好"三农"问题作为全党工作重中之重,把全面推进乡村振兴作为实现中华民族伟大复兴的一项重大任务,举全党全社会之力加快农业农村现代化,让广大农民过上更加美好的生活。

本次调研旨在深入挖掘"决不让一个兄弟民族掉队""铸牢中华民族共同体意识"庄严承诺背后的社会现状,深入探究多民族聚居地彝族、苗族关系的变迁与乡村振兴战略之间的内在联系和相互影响,挖掘关系转变背后的影响因素,同时试图通过微信公众号等新媒体工具,宣传当地的特色文化,如民族建筑、苗俗馆等,尽微薄之力提高当地知名度,为当地文化特色旅游事业的发展做出贡献。

二、调查的内容与方法

(一)调查内容

在本次社会实践的调查过程中,笔者以"民族团结与乡村振兴的关系"为主

---

① 这些作者均为华中科技大学法学专业2020级本科生。

题,从云南省南涧彝族自治县亦可妈库村在春节时举办晚会将彝族打歌调与苗族芦笙舞结合在一起共庆新年的民族融合现象出发,采用半结构式访谈、发放问卷、参与式观察等方法,了解亦可妈库村彝、苗两族的人口构成与规模、居住格局、日常交往、族际通婚、语言使用、民族心理等方面的情况,以及在脱贫攻坚和乡村振兴中和谐共生、"各美其美、美美与共",共同建设中华民族美好家园的奋斗历程。我们对调研结果进行分析,得出相关结论,可为加强民族团结、推动乡村振兴提供经验总结。

(二)调查方法

问卷调查法、访谈法、观察法等。

三、调查的结果与分析

(一)基本状况

1. 个人基本信息

亦可妈库村的个人基本信息如表1～表4所示。

表1 亦可妈库村村民的性别构成

性别	频数/次	百分比/(%)
男	54	43.90
女	69	56.10
合计	123	100.00

表2 亦可妈库村村民的家庭人数

家庭人数	频数/次	百分比/(%)
一个	1	0.81
两个	3	2.44
三个	14	11.38
四个	39	31.71
五个及以上	66	53.66
合计	123	100.00

表3 亦可妈库村村民的政治面貌

政治身份	频数/次	百分比/(%)
共产党员	8	6.50
共青团员	9	7.32
群众	106	86.18
合计	123	100.00

表4 亦可妈库村村民的学历构成

学历	频数/次	百分比/(%)
小学及以下	79	64.23
初中	31	25.20
中专	4	3.25
高中	6	4.88
大专及以上	3	2.44
合计	123	100.00

亦可妈库村在村村民中有54位男性、69位女性,男女比例约为0.78∶1,较为均衡。约有85%的村民家中人口数量超过3个。约86%的受访者的政治面貌是群众,占受访对象的绝大多数。约89%的村民都只接受过初中及以下程度的文化教育,说明整体受教育程度较低。

2. 经济发展状况

亦可妈库村的经济发展状况如图1、表5、表6所示。

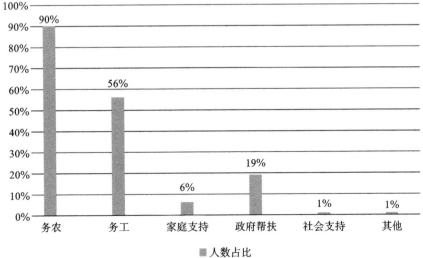

图1 亦可妈库村村民的经济收入来源

表 5 亦可妈库村村民的家庭劳动力数量

家庭劳动力数量	频数/次	百分比/(%)
一个	16	13.01
两个	69	56.10
三个及以上	36	29.27
无	2	1.62
合计	123	100.00

表 6 亦可妈库村村民的年均收入

年均收入	频数/次	百分比/(%)
两千元以下	0	0.00
两千元至五千元	46	37.40
五千元至一万元	29	23.58
一万元以上	48	39.02
合计	123	100.00

亦可妈库村村民的经济收入来源主要是务农和务工。90%的在村村民务农,种植玉米、沃柑等作物,养殖生猪、肉牛、乌骨鸡等牲畜,家庭经济收入受到天气、气候、自然灾害等外在因素的影响较大,容易产生波动。56%的在村村民农闲时外出务工,大多数到乡县及其周边地区的工厂务工。19%的在村村民得到政府的帮扶,少量在村村民接受家庭支持和社会支持。

调查显示,亦可妈库村村民家中劳动力数量在两个及以下的约占70%,年均收入五千元以上的超过62%,所有居民的年均收入都在两千元以上,约39%的村民年均收入在一万元以上,全体村民基本生活得到保障。

3. 人际交往

亦可妈库村的人际交往情况如表7~表10所示。

表 7 是否跨民族参与红白喜事

是否参与	频数/次	百分比/(%)
参与	83	67.48
不参与	40	32.52
合计	123	100.00

表 8 跨民族参与红白喜事的频率

参与频率	频数/次	百分比/(%)
经常	34	27.64
偶尔	53	43.09
从不	36	29.27
合计	123	100.00

表 9 彝族与苗族过节时是否会一起参加文艺活动

会不会	频数/次	百分比/(%)
会	71	57.72
不会	52	42.28
合计	123	100.00

表 10 对不同民族之间的通婚现象有什么看法

赞成程度	频数/次	百分比/(%)
非常赞成	80	65.04
比较赞成	32	26.02
无所谓	10	8.13
比较不赞成	1	0.81
合计	123	100.00

调查结果显示,有 67.48% 的村民有过参与跨民族红白喜事的经历,70.73% 的村民偶尔或经常参与跨民族的红白喜事,57.72% 的村民会参加有彝族和苗族共同出席的文艺活动。九成以上的村民都赞成不同民族之间进行通婚,说明彝族和苗族的村民对跨民族通婚的现象更加包容,民族融合进一步加深。

4. 语言使用情况

亦可妈库村的语言使用情况如表 11～表 18 所示。

表 11 在日常生活中最常使用什么语言

语言	频数/次	百分比/(%)
普通话	5	4.03

续表

语言	频数/次	百分比/(%)
南涧话	84	67.74
彝语	16	12.90
苗语	19	15.32
合计	124	100.00

表 12　与家中长辈在一起时,一般使用哪种语言

语言	频数/次	百分比/(%)
普通话	2	1.64
南涧话	68	55.74
彝语	28	22.95
苗语	24	19.67
合计	122	100.00

表 13　与同辈或晚辈在一起时,一般使用哪种语言

语言	频数/次	百分比/(%)
普通话	3	2.48
南涧话	73	60.33
彝语	23	19.01
苗语	22	18.18
合计	121	100.00

表 14　在公共场所(如商场、大街上、医院等)时,一般使用哪种语言

语言	频数/次	百分比/(%)
普通话	13	10.48
南涧话	111	89.52
合计	124	100.00

表 15　在工作(或学习)中,一般使用哪种语言

语言	频数/次	百分比/(%)
普通话	19	15.45

续表

语言	频数/次	百分比/(%)
南涧话	102	82.93
苗语	2	1.62
合计	123	100.00

表16 在购物时,一般使用哪种语言

语言	频数/次	百分比/(%)
普通话	14	11.29
南涧话	110	88.71
合计	124	100.00

表17 您在碧溪乡上学期间,老师一般使用哪种语言进行授课

语言	频数/次	百分比/(%)
普通话	56	54.37
南涧话	47	45.63
合计	103	100.00

表18 对掌握普通话的态度

语言	频数/次	百分比/(%)
非常有必要	75	60.98
比较有必要	41	33.33
无所谓	2	1.63
比较没有必要	4	3.25
非常没有必要	1	0.81
合计	123	100.00

在语言使用方面,有近七成的村民表示在日常生活中最常使用的语言是南涧话,说明使用带有乡音的普通话是亦可妈库村村民日常交流的重要方式。在与长辈、同辈或晚辈的交流中使用民族语言的村民占五成左右,说明少数民族语言在村民的日常生活中也比较重要。94.31%的村民都赞成掌握普通话,认为普通话对于日常生活来说非常或比较有必要,说明该村村民对普通话的认可度较高。

5. 民族心理

亦可妈库村的民族心理情况如表19～表23所示。

表19 如果可以挑选邻居,您希望邻居是

民族	频数/次	百分比/(%)
本民族的	15	12.20
其他民族的	1	0.81
无所谓	107	86.99
合计	124	100.00

表20 对自己民族的文化认知程度

认知程度	频数/次	百分比/(%)
非常熟悉	25	20.33
比较了解	60	48.78
不太了解	36	29.27
基本不了解	2	1.62
合计	123	100.00

表21 对其他民族的文化是否有兴趣

兴趣程度	频数/次	百分比/(%)
很有兴趣	31	25.41
比较有兴趣	55	45.08
不太有兴趣	30	24.59
完全没有兴趣	16	4.92
合计	122	100.00

表22 是否因为个别现象对其他民族有偏见

偏见程度	频数/次	百分比/(%)
常常	2	1.63
偶尔	7	5.69
从没有	113	91.87
不记得了	1	0.81
合计	123	100.00

表 23 是否为自己是一个中国人而感到骄傲

是否感到骄傲	频数/次	百分比/(%)
是	123	100.00
否	0	0.00
合计	123	100.00

约87%的受访者对于邻居是否同族持无所谓的态度,约92%的受访者从未因个别现象而歧视过其他民族,说明以彝族、苗族村民为主的亦可妈库村民族关系融洽,两个民族能够友好地相处。有七成的村民表示愿意了解其他民族文化,对其他民族文化有兴趣,说明民族关系和谐;并且所有的受访者都表达了强烈的国家认同感、归属感和民族自豪感,说明中华民族共同体观念深入人心。

(二)主要做法和成效

1. 亦可妈库村脱贫攻坚成果显著,防止返贫工作持续进行,紧跟全国乡村振兴步伐

2013年以来,亦可妈库村开始精准扶贫工作,识别贫困群众,实行建档立卡,细化一户一策、因贫施策的帮扶措施。围绕"两不愁、三保障"来开展工作,重点解决贫困户、产业和就业、基础设施三大问题。严格落实党政"一把手"责任制和"五级书记抓扶贫",实行最严格的包保责任制,做好"挂包帮""转走访"和严格执行五级包保责任体系,组建精准脱贫领导组,乡党委政府领导干部走进村庄和农户家中,切实了解贫困村和贫困户实际情况和民情民意,因地制宜进行脱贫攻坚,把如期脱贫作为最大的政治责任和最大的民生工程。2019年2月,碧溪乡接受第三方评估,成功完成脱贫攻坚,并且脱贫攻坚的质量和成效考核都在全县前列。

2019年脱贫攻坚完成以后,碧溪乡把工作重点放在实施乡村振兴战略上,同时持续进行防止返贫工作。依托自然资源优势,碧溪乡规划布局新产业,吸引人才回乡创业,带动村庄经济发展,促进农民就业增收。同时,开展村庄美化行动,建设生态村,保护和传承民族特色文化。从文化、产业、生态、人才和组织等方面推进乡村振兴。

2. 亦可妈库村彝族和苗族村民关系融洽,中华民族共同体意识不断加强

亦可妈库村彝族和苗族村民分别聚居在上村和下村。亦可妈库村是南涧县"民族团结示范村"之一,苗族村民在整村人口中所占比例较小,但在多年民

族团结工作的推动下,亦可妈库村苗族村民与彝族村民相处融洽,民族之间的隔阂与矛盾已经消失。在多年共同生活的过程中,亦可妈库村的苗族和彝族村民求同存异,既相互影响又保持着自己民族的特色。从村民的主观感受来看,他们认为本民族与其他民族之间已经不存在隔阂,无论是在日常交流、邻里关系,还是不同民族之间通婚等方面,亦可妈库村村民都认为本民族与其他民族已无差别。

在民族认同方面,亦可妈库村所有村民都坚定地认同自己是中华民族的一员,并为自己是一个中国人而感到骄傲。亦可妈库村不同民族之间的相互认同以及对中华民族共同体的认同感和归属感,已经走在"铸牢中华民族共同体意识"的路上,这为"实现中华民族伟大复兴"奠定了坚实的思想基础。

3. 亦可妈库村探索出民族团结与乡村振兴相互促进的新路径

2017年以来,碧溪乡大力推动种养殖业的发展,把村民们的土地集中在一起,进行大规模的沃柑和红花种植,建立合作社,统一回收、出售农产品,充分发挥规模效益。村民形成经济共同体,经济发展水平提高。在共同发展的过程中,经济方面的关联使得彝族、苗族村民之间联系不断加强。在碧溪乡政府工作人员构成中,彝族干部和苗族干部都占有一定的比例。这些少数民族干部主动为群众办实事、寻方便,反映群众的需求,维护少数民族群众的切身利益,让彝族、苗族之间可以更好地交流融合,减少误解。并且碧溪乡政府还在文化方面发力,在保护彝族、苗族优秀文化的同时注重民族文化的交流和融合。

在长期的共同生活与奋斗之中,彝族和苗族村民之间的隔阂已经不存在;村中彝族、苗族党员干部发挥带头作用,积极为亦可妈库村的发展建言献策,为亦可妈库村的发展营造了良好的团结氛围。民族团结关系说明了亦可妈库村彝、苗两族将对方同样视为中华民族的一员,也在一定程度上说明了彝族和苗族之间在经济上由弱分离关系增强到经济共同体关系,消除了隔阂。彝、苗两族的民族团结关系促进了中华民族共同体意识的深化,把村民之间松散的力量聚合在一起。彝族、苗族村民从同一个出发点(即共同发展、共同繁荣)出发,积极发展乡村经济,增加收入,成为更具有经济影响力的群体,从而有利于乡村振兴战略的实施。

4. 亦可妈库村村民总体受教育水平有待提升

亦可妈库村村民的学历大多数在初中及以下,有些年龄较大的村民甚至没有接受过学校教育,村民总体受教育程度较低。教学质量不高、师资力量缺失等问题制约着碧溪乡教育的发展。亦可妈库村作为碧溪乡中的一个自然村,村民受教育资源匮乏的影响,总体受教育水平有待提升。

5. 亦可妈库村青壮年劳动力流失严重、人才匮乏

青壮年劳动力流失严重、人才匮乏是亦可妈库村乡村振兴过程中亟待解决的问题。农民在乡村振兴的过程中起主体作用,农民的内生动力对于乡村经济的可持续发展有重要作用。目前在亦可妈库村居住的基本上都是留守老人和儿童,青壮年劳动力流失较多,懂技术、会经营的农村人才匮乏。这一状况制约了亦可妈库村新产业、新业态的发展,影响了亦可妈库村的乡村振兴战略的实施进程。

6. 民族文化传承与发展出现瓶颈

在与外界的不断接触和交流中,亦可妈库村的村民深受汉族文化的影响,并且逐步与汉族融合。由于从小在汉语环境下成长,亦可妈库村上村彝族村民对彝语的掌握程度较差;在亦可妈库村下村苗寨,30岁以下的村民大多不会讲苗语。对于本民族的传统文化,他们也了解甚少。尽管绝大多数的村民认为保护本民族传统文化很重要,但是由于缺少相应的文化环境,他们无法深入学习本民族的文化,彝族、苗族文化的传承与发展出现瓶颈。

(三)政策建议

1. 以产业振兴吸引青壮年劳动力和人才回流返乡

针对亦可妈库村的青壮年劳动力和人才外流比较严重的现象,政府应该加强制度建设,形成人才返乡的保障制度;出台配套的政策和法律法规,如制定乡村振兴人才待遇保障制度、建立乡村振兴人才与城市人才的互动交流机制等,依法保障乡村人才的合法权益。同时,政府可以出台对乡镇企业的扶持政策,号召企业给返乡的青壮年劳动力提供一定的就业支持,如岗前培训、薪资补贴等,吸引劳动力回流,并出台对返乡创业人才的优惠政策,构建良好的创业创新平台,鼓励人才为乡村振兴贡献力量。

2. 进一步发展教育事业

提高村民受教育水平是培养自主创新创业能力,有效巩固脱贫成果,阻止返贫发生,增加乡村振兴的内生动力的重要举措。碧溪乡政府应着眼于乡村振兴,以促进亦可妈库村村民全面发展为目的,大力发展普通教育和职业教育。在普通教育方面,应合理分配、使用教育资金,修缮义务教育学校及中、高等教育学校,改建、扩建教育基础设施,如图书馆、体育场等,在硬件教育资源上给学生提供支持;贯彻落实国家的教育优惠政策,落实助学贷款;提高乡村教师待

遇,保障乡村教师合法权益,优化师资力量,提高教学质量;推进"互联网＋教育"模式,通过"智慧课堂"等形式,缓解教育资源分配不平衡的问题。在职业教育方面,应将彝族、苗族民族特色文化与职业教育相结合,培养专业的民族文化从业者;有关部门应开设职业教育点,定期举办职业培训班,给适龄但文化知识水平较低的青壮年劳动力提供职业教育,培养其专业技能进而提高其就业能力。

3. 保护、传承民族文化

政府要加大对民族文化的保护力度,鼓励、号召当地少数民族村民传承民族文化,增强村民的文化保护意识,培养文化自觉和文化自信;挖掘民族文化资源,结合具有民族特色、地方特色的艺术表现形式,把民族文化与旅游业发展联系起来,以特色民族文化推动旅游业发展,使民族文化传承工作与乡村振兴战略相互促进,将文化价值转化为经济价值,促进当地少数民族村民自觉保护、传承民族文化;借助现代化的信息技术手段,宣传当地特色文化,如非物质文化遗产"跳菜"和"苗绣"等,扩大民族特色文化的影响力,吸引更多的年轻人将民族文化、地方特色文化传承下去。

第二部分 经济建设专题

精准扶贫的成效、问题与对策

——以四川省巴中市巴州区枣林镇为例

常琦[①]

一、调查背景与目的

党的十八大召开不久,习近平总书记在河北省阜平县考察扶贫工作时指出:"帮助困难乡亲脱贫致富要有针对性,要一家一户摸情况,做到心中有数。"2013年11月,习近平总书记在湘西调研扶贫工作时,明确提出扶贫工作"要科学规划、因地制宜、抓住重点,不断提高精准性、有效性和持续性","要实事求是、因地制宜","要精准扶贫,切忌喊口号,也不要定好高骛远的目标"。2013年9月中旬和10月上旬,李克强总理两次主持国务院常务会议研究扶贫工作,都对精准扶贫和建档立卡工作提出了具体要求。2014年1月,中共中央办公厅、国务院办公厅印发了《关于创新机制扎实推进农村扶贫开发工作的意见》,明确提出建立精准扶贫工作机制和健全干部驻村帮扶机制的工作要求。2021年,国务院扶贫办表示,要把巩固拓展脱贫攻坚成果摆在头等重要的位置来抓,坚决守住脱贫攻坚胜利果实;要推动脱贫攻坚政策举措和工作体系逐步向乡村振兴平稳过渡,确保实现同乡村振兴的有效衔接。

笔者前往巴州区枣林镇进行精准扶贫和乡村振兴成果调研,近距离感受这项政策给贫困村镇带来的实际影响,了解当地政府对群众脱贫的贡献,加深对脱贫工作的认识,切实体会脱贫成果的来之不易,思考在政策实施过程中所遇到的困难与考验,从中汲取相关的经验,并且希望通过本次调研感受到脱贫前后村民们精神面貌的变化,提高自身对社会主义未来发展的责任感和使命感,提升对制度优势在脱贫攻坚战取得胜利中的作用的认识。

---

① 常琦为华中科技大学给排水科学与工程专业2020级本科生。

二、调查的内容与方法

（一）调查内容

本次社会实践，笔者以"精准扶贫成果显，乡村振兴接继来"为主题，选择了四川省巴中市巴州区为调研地点进行扶贫成果调研。我们实践团队调研小组通过走访枣林镇当地的居民、参观当地经济产业（物）、体验当地居民劳动等方式具体了解当地的扶贫政策及其对群众生活的影响，并对调研成果进行反思，提出相应意见。

（二）调查方法

问卷调查法、访谈法。

三、调查的结果与分析

（一）基本状况

2019年底数据显示，枣林镇共有农业人口16617人，贫困户共有1138户3383人。枣林镇村庄大多分散在巴河两岸的山中，有山有水，环境优美。尽管当地贫困人口居多，枣林镇政府积极响应扶贫号召，利用优美风景来发展旅游产业；耕地多则发展乡村集体经济，建立托管经营模式做大现有产业园；种植当地特色作物巴药、葡萄、茶叶等，采取一系列措施快速发展乡村经济。枣林镇因地制宜，多方面带动群众发展，在扶贫干部与村民的共同努力下，枣林镇贫困人口从2014年开始逐年减少，该镇在2021年完成全面脱贫。

（二）主要做法和成效

1. 积极落实政策——"脚踏实地把贫脱"

近年来，枣林镇为改善村民生活条件、支持群众自主创业，开展了多项项目支持。

危房改造：将各个村庄里的危房进行修整加固，让村民住上安全的房子，总共修整加固C级危改480户，D级危改42户。易地扶贫搬迁：除了对危房进行修整加固外，枣林镇还将部分居民安置到新建的村民聚居区，其中集中安置181户601人，分散安置232户673人。产业到户资金：为鼓励村民积极脱贫，枣林镇在 2014—2019 年共计发放 229.9 万元用于发展产业增收项目。雨露计划：为让贫困学生有书可读,2016—2022 年实施雨露计划,已发放 9.075 万元,受益学生 80 人次。除了以上政策外,枣林镇还实施了小额扶贫信贷、电视户户通、财政代缴养老保险等扶贫政策,尽可能为贫困户提供资金帮助,实现政策扶持。

在走访村民时,笔者看到每个贫困户门前都张贴有精准扶贫明白卡,详细记录贫困户的基本信息以及对其采取的一系列政策帮助。在参观村支部办公室时,也看到展柜里存放着许多扶贫记录表,完善地记录了对各个贫困户的扶贫工作进展情况。

2. 扶贫中的困难与亮点——"攻坚克难有亮点"

1) 脱贫思想难到位

枣林镇扶贫书记何书记提到,在扶贫工作中,最头疼的是少数贫困户依赖于优惠的扶贫政策帮助,不愿意主动脱贫,思想工作难以做到位。面对此种困境,当地扶贫干部表示只能耐心地对其进行思想开导,对扶贫政策理解误区进行解释,给足群众安全感,让贫困户都能积极配合工作,自发脱贫。

2) 旅游经济正发展

枣林镇境内的阴灵山,被称为"巴蜀奇峰",山林幽静,山中有寺庙和书法碑文展示,当地以此大力发展旅游业,村民借此机会开展农家乐等旅游产业,推动地区经济发展。借自然的风景,带动当地发展,这着实是一大亮点。

3) 产业经济促发展

笔者前往枣林镇灵山村进行了实地考察,当地经济作物主要为茶叶、巴药和葡萄等,借助特色经济作物,部分村民开放了作物园区,供游客参观采摘,以此获利。同时,村民将自家耕地外租给城区茶叶厂家,并为其提供劳动力种植茶叶,从中获取租金和报酬。这些因地制宜的措施推动了经济的发展。

3. 扶贫干部与民众积极配合——"热情高涨干劲足"

在谈到民众与扶贫干部对扶贫工作的响应程度时,当地扶贫书记提到,不愿配合的民众只占极少数,大部分贫困户都积极响应政策号召,充分利用政府提供的政策和资金支持,实行自主创业、开发地方特色作物产业等进行自主脱贫。贫困户利用自己的双手,在大政策的护航下,实现脱贫。不仅如此,许多贫困户成功脱贫后,不忘带动其他贫困户一起发展,先富带动后富,互帮互助,最终实现全部脱贫。

同时,枣林镇扶贫干部的工作也落实得十分到位。在村委会办公室,我们看到扶贫工作的文件夹都陈列在书柜上,里面记录着每一位贫困户的受助政策、经济情况等详细信息。灵山村的驻村书记熟悉每一位贫困户的家庭情况。

我们采访村民时,他们普遍对自己的生活表示满意,对国家的政策扶持表示十分感激。

有了民众的积极响应和正面反馈,扶贫干部的工作才能更加顺利地开展;有了扶贫干部深入群众认真负责的工作,民众才会更加积极地参与到扶贫工作中来。枣林镇的扶贫干部与村民建立了深厚的情谊,共同携手,实现了全面脱贫的美好愿景。

4. 乡村振兴发展前景好——"平稳过渡齐振兴"

枣林镇已实现全面脱贫,接下来的首要工作是及时巩固脱贫成果,平稳过渡,逐步将工作阵地由脱贫攻坚转向乡村振兴,并激发村民的发展积极性。虽然乡村振兴的执行政策当时还未出台,但枣林镇扶贫书记预测,会从乡村产业发展、人才分配等多方面实行。乡村振兴的道路依旧漫长,相信只要在干部与民众的共同努力下,一定能将农村发展得越来越好,最终实现乡村振兴的宏伟目标。

(三) 存在的问题

在走访村户的过程中,笔者发现了当地村庄存在的问题。要想充分带动村镇经济发展,需要有新鲜血液的涌动才行,而在灵山村,每家每户居住的基本都是老年人。村支书也提到,年轻人都愿意去外面打拼,不肯留在农村,导致村庄老龄化极为严重,或许在不久,等到这些老人离世后,村庄都会慢慢变成空心村。如何留住年轻人才、发展村庄成为亟待解决的问题。对此,我们调研小组也从中思考,能否通过加大农村特色产业宣传力度,加强年轻一代回馈家乡的思想教育建设,制定回乡建设的相关优惠政策,来让更多的年轻人加入乡村振兴的行列。

(四) 对策建议

1. 国家大力宣传,让青年有激情建设家乡

每一项任务的顺利执行大都离不开有力的宣传,国家层面的大力宣传更能对青年回乡起到极大的推动作用。年轻一代是有理想、有担当的一代,必能响应国家号召,更有激情地建设家乡。

2. 推出保障政策,让青年有勇气回乡创业

青年对家乡也是有浓浓的依恋之情的,他们大都迫于生计才不得不外出务工。而今,扶贫工作已经切实完成,各地区也已经展露出新的面貌,国家可以适当出台一些青年回乡创业的保障政策,让他们能够大胆创新,更有勇气地投入

家乡的振兴工作。

3. 政府做到"四个不摘",有力推动乡村振兴

"四个不摘"即摘帽不摘责任、摘帽不摘政策、摘帽不摘帮扶、摘帽不摘监管。村支书在和笔者谈话的过程中,谈到了他对"四个不摘"内涵的认识,认为脱贫攻坚战虽然已经打赢,但依然可能出现一些问题,这些就需要各级干部时刻保持警惕,其责任依旧重大。同样,在当下严峻的过渡时期,政策、帮扶、监管也一定要落实。

4. 做好防洪等各项措施,切实保障居民的安全

枣林镇气候湿润,经常会有暴雨天气,在笔者实践期间,暴雨致使部分村庄遭遇山体滑坡,道路损坏,出行不便,这严重影响到村民的生活。政府相关部门应当做好预防洪灾以及灾后及时处理等工作,保障村民的生命和财产安全。

5. 政府坚持以上率下政策,强化示范带动作用

"经过全党全国各族人民共同努力,在迎来中国共产党成立一百周年的重要时刻,我国脱贫攻坚战取得了全面胜利。"在2021年2月25日举行的全国脱贫攻坚总结表彰大会上,习近平总书记正式宣布了中国脱贫攻坚战的全面胜利。

这一切的成功,离不开政府工作人员的兢兢业业。在枣林镇,我们看到何书记的辛勤付出,周末他也在忙碌。同时,灵山村的脱贫干部对每家每户的熟悉程度也足以让我们看到:在脱贫过程中,他们扎根于农村,挨家挨户调查、宣传时的尽职尽责。

在枣林镇的脱贫攻坚战中,"把村民当成家人"是整个枣林镇干部内心不谋而合的想法,带领全镇居民脱贫致富是他们共同奋斗、切实努力的目标。只有政府干部时时刻刻将脱贫工作放在心上,设身处地为群众着想,群众才能更有动力、更有信心地走上致富之路。

6. 乡村贯彻因地制宜理念,发展地方特色产业

因地制宜理念指的是根据各地的具体情况,制定适宜的办法。在这次社会实践中,笔者了解到,枣林镇各个村的地势不同,灵山村位于枣林镇西部,森林覆盖面积大;同时,其历史文化悠久,名胜古迹众多。在难以种植粮食作物的情况下,灵山村大力发展旅游业,种植茶叶等经济作物,带领村民脱贫致富。

枣林镇能将该理念运用到实际的脱贫工作中,足以看出当地扶贫干部的智慧与不懈奋斗的精神。因此,在脱贫攻坚的道路上,没有什么困难是解决不了的;只要政府充分利用智慧的头脑,调动群众的积极性,道路自然是宽广的。

多元化模式:从脱贫到振兴的乡村发展之路
——基于六个地区的比较分析

姜婧仪[①]

一、调查背景与目的

2021年2月25日,习近平总书记在全国脱贫攻坚总结表彰大会上庄严宣告,我国脱贫攻坚战取得全面胜利。党的十八大以来,以习近平同志为核心的党中央一直主张把脱贫攻坚摆在治国理政的突出位置,把脱贫攻坚作为全面建成小康社会的底线任务,组织开展了声势浩大的脱贫攻坚人民战争。党领导人民披荆斩棘、栉风沐雨,发扬钉钉子精神,敢于啃硬骨头,攻克了一个又一个贫中之贫、坚中之坚,脱贫攻坚取得了重大历史性成就。在这重要的历史节点上,习近平总书记号召广大青年上好与现实相结合的"大思政课",在社会课堂中受教育、长才干、做贡献,在观察实践中学党史、强信念、跟党走,"让青春在为祖国、为民族、为人民、为人类的不懈奋斗中绽放绚丽之花"。

笔者团队进行本次社会实践活动,旨在将理论联系实际,上好与现实相结合的"大思政课",笔者团队充分利用各队员的家乡资源,调研家乡所在地的脱贫攻坚成果,了解乡村振兴特色政策,助力脱贫攻坚与乡村振兴的有效衔接。从全国多个省份入手,本团队深入曾经的国家扶贫工作重点县,探寻其脱贫致富、乡村振兴的"密码",横向和纵向比较各地在脱贫攻坚与乡村振兴的有效衔接下的乡村发展之路。

二、调查的内容与方法

(一)调查内容

笔者团队的六名成员分别回到自己的家乡——河南省驻马店市平舆县、江

---

① 姜婧仪为华中科技大学中西医临床医学专业2020级本科生。

西省吉安市新干县、云南省文山壮族苗族自治州广南县、云南省丽江市宁蒗县、新疆维吾尔自治区伊犁哈萨克自治州伊宁市伊宁县、湖北省黄冈市麻城市,展开对当地乡村的实地调研,切身感受当地脱贫攻坚以及乡村振兴的成果,并对家乡发展存在的问题进行反思,提出相应的解决办法。

(二)调查方法

问卷调查法、访谈法。

三、调查的结果与分析

(一)实践成果展示

团队成员在各自实践地,通过参观、采访等多种实地调研形式开展社会实践活动,收获颇丰。

1. 河南省驻马店市平舆县

(1)县扶贫办2021年部分扶贫会议及活动。

7月12日,平舆县政协开展"巩固脱贫攻坚成果 有效衔接乡村振兴"专题调研活动。县政协调研组先后来到西洋店镇卫生院、扶贫车间、老湾村史馆、老湾卫生室、金沙湾田园综合体、李屯镇魏楼村、上元惠农、天中人家、辛店乡黄寨村、瑞亚牧业实地调研,并分别在金沙湾、黄寨村召开座谈会。座谈会上,政协调研组指出,乡镇政协组织要紧紧围绕党的中心工作履职尽责,勇于担当,深入基层解决产业发展、市场主体培育等方面的难题,积极发挥领导、协调、服务作用。镇村企业要发挥好特色生态农业的示范引领作用,宣传推广成功经验,营造勤劳致富的良好氛围,助推乡村振兴取得实效;要坚持生态农旅融合发展,高效推进农产品精深加工和农旅互动发展,打造好生态旅游景点,为推进乡村振兴、全面建设现代化平舆贡献智慧和力量。

(2)劳动致富之路。

2018年开始,平舆县内有几个村庄陆陆续续有部分村民开启了新的致富之路。其中有两个葡萄种植基地为前来游玩的旅客提供了采摘葡萄等一系列活动。通过采访基地工作人员,笔者了解到,在葡萄成熟之际,许多家庭会带着孩子前来基地采摘葡萄,让小朋友了解葡萄的生长过程,体验丰收季节的欢乐氛围,许多游客都表示还会再次来体验。在整个丰收的时节,基地通过游客购买现场采摘的葡萄以及游玩过程中的花销获得收入,平时还会有路人为了尝鲜,进入葡萄基地购买葡萄。

(3) 精准扶贫措施。

除了规定的日常补贴、医疗保险外,政府还出资帮助生活困难的老人修缮住房。当然,除了这些直接利益,村委会还给老人安排了工作——负责村里的卫生,也就是在垃圾车来时协助处理一下,虽然工资不高,但对老人来说也算是增加了一项收入,足以应付日常开销。

2. 江西省吉安市新干县

(1) 三湖镇上聂村龙窝里乡村环境治理。

该村村委会建立了一套较为完整的人居环境长效管护机制,包括"村规民约"、"门前三包"责任制度(包卫生、包绿化、包秩序)、"村民职责"、"监督员职责"、"管护员职责"、"保洁员职责",促进乡村环境治理。沿着村庄的主干路走进村庄,发现每家每户的门口都统一放置了垃圾箱,从村民口中得知,这恰恰是"包卫生"的具体体现,每家每户负责各自门前的卫生情况,且有垃圾车将垃圾统一送到回收站处理,杜绝私自随意焚烧或掩埋现象的发生。村委会还设置了保洁员一职,负责道路卫生,每个礼拜都要进行道路卫生清扫。在采访村民的过程中,笔者得知,自这套人居环境长效管护机制实施以来,乡村环境得到了极大的改善,道路旁边没有成堆的垃圾,有了随处可见的垃圾箱。

(2) 新干县龙窝里横河湿地保护小区。

横河流经上聂村龙窝里,这里属于库塘湿地,保护面积为 15.84 公顷。三湖镇人民政府为保护湿地不被破坏,出台了以下一系列措施:严禁擅自围垦、圈占、填埋河流湿地;严禁破坏野生动物的栖息繁衍场所;严禁非法捕猎、采集国家保护的野生动植物,随意捡拾鸟卵;严禁非法抽采排放湿地蓄水或者截断湿地水系;严禁倾倒固体废弃物、投放有毒有害物质、非法排放污水;严禁破坏界桩及湿地永久性标碑;严禁其他破坏湿地的行为。近年来,非法捕鱼的人数明显下降,但非法捕鱼现象还有待加强管理。

(3) "红橘之乡"——三湖"大红袍"。

为发展好三湖红橘这一传统品牌,当地采取措施培育新品种和改善产品质量,对三湖红橘进行提纯复壮和良种选优,现已培育出近似无核、少核的三湖红橘,这些红橘具有味道更甜、易食、核少的特点。当地还引导橘农使用无公害栽培技术,建立无公害红橘示范基地,使用高效低毒农药、生物农药和有机肥料。目前,三湖镇三湖红橘种植面积已达 2.4 万亩,年产量达 2 万吨以上。通过采访村民,我们了解到,种植红橘是当地村民收入的重要来源。且红橘全身是宝,皮、核、络、实都有食疗的作用,或剥开即食,或制成罐头,或制成橘子汁,吃法多样,各种制法都能为当地村民带来收入。

(4) 界埠镇武湖村特色产业扶贫。

武湖村因地制宜、因户施策，发展光伏发电、枳壳种植、鱼鸭养殖、菌菇种植等特色产业，多点发力、多业增收，走出了一条极具特色且可复制的产业扶贫发展道路。

武湖村 100kW 光伏发电项目占地 2 亩，2019 年帮助贫困户增收 1.48 万元。2020 年，为减小新冠疫情对务工增收的影响，光伏发电所产生的收益 80% 用于贫困人口承担公益岗位任务的工资和参加村级公益事业建设的劳务费用支出，村里支持鼓励贫困劳动力就地就近就业，对受疫情影响而生活陷入困境的贫困群众和因疫致贫返贫群众予以补助，另外 20% 作为村集体收入。

依托村集体 600 亩枳壳产业基地，引导有劳动能力的贫困户种植枳壳，每户按劳动能力分配 2~4 亩，贫困户以认领的方式参与种植全过程，挂果后的收益归贫困户所有，目前已有 8 户贫困户在基地内认领了 23 亩枳壳，枳壳已开始挂果产生收益，丰产后能实现年增收 1500 元/户。

3. 云南省文山壮族苗族自治州广南县

(1) 落松地小学的变化。

我们实地考察了落松地小学的情况，学校目前有两位老师，13 名学生。得益于乡村教育受到重视，落松地小学的硬件设施齐全，学校里设有教学楼、教师宿舍、篮球场、食堂，教学楼背后还有一片菜地。通过采访农加贵老师，我们了解到他从刚开始对这个村子很抵触，到后来全心全意为村子的教育做贡献的心境变化，了解到从最开始的设施简陋，需要他自己贴钱以保障学生们的正常学习，到后来国家给学校补贴。

(2) 六郎城村的扶贫模式。

六郎城村作为社会主义新农村省级重点建设村，大力投资建设了千亩野生铁皮石斛抚育基地，被评为"全国巾帼脱贫示范基地"。六郎城村隶属于杨柳井乡，少数民族众多，村里注重民族团结，被建设为"云南省少数民族特色村寨"。当地借助少数民族特色，打造了独特的民族特色村，村里设有一个村民活动室及小广场，广场周围有与少数民族相关的浮雕。另外，电影《狼兵吼》取景于此处，再加上杨家将杨六郎的后代杨文广曾在这里屯兵打仗，当地建起了一系列特色建筑。在千亩野生铁皮石斛抚育基地里，铁皮石斛被栽在吊篮上、木桩里、大树上，如此庞大的基地，需要花费三四个小时才能走完，也正是因为这一基地，该村成为"西南中药材种植创新与利用——铁皮石斛研究基地""中国广南铁皮石斛之乡""文山学院产学研合作基地"。笔者了解到，在产学研合作氛围的熏陶下，村民们还掌握了石斛鸡、石斛馒头、石斛酒、石斛汁、石斛花茶等制作工艺，石斛产品不仅铺开群众增收致富路，还成了六郎城的一张特色名片。

(3) 杨柳井乡的乡村振兴战略。

杨柳井乡整体经济发展较好,即使离县城较远,杨柳井乡也注重卫生管理;并且对摩托车、电动车严格管理,没有上牌的车辆均被扣留在车管所。杨柳井乡注重义务教育,乡里的小学硬件设施齐全,学校环境优美。进入乡政府办公场所时,我们注意到政府工作人员开会时喝的水是广南当地品牌——母之山泉,瓶子上写着"每喝一瓶水为广南县脱贫攻坚捐赠1分钱"。

4. 云南省丽江市宁蒗县

(1) 易地扶贫搬迁安置点。

《云南省易地扶贫搬迁三年行动计划》下达宁蒗县易地扶贫搬迁的指标数为8100户27000人,其中建档立卡贫困户5440户13600人,非建档立卡贫困户2660户13400人,易地扶贫搬迁任务非常艰巨。宁蒗县因地制宜,积极创新,实行三项措施,有力地推进了易地扶贫搬迁工作。一是精准规划、分类指导,出台多种安置方式及优惠政策,解决易地扶贫搬迁的惠民问题。二是突出重点、精准发力,办理集中安置土地流转,解决易地扶贫搬迁的土地问题。三是整合资源、规范运作,采取"信贷+财政补助+帮扶"资金筹措方式,解决易地扶贫搬迁的资金问题。

(2) 沪滇合作车间。

立足劳动力资源丰富的优势,将"学会一技、转移一人、脱贫一户、带动一方"作为劳务输出的目标,依托上海"沪滇扶贫协作"等供需平台,全县累计转移输出81602人,建档立卡户户均务工达到1.67人。同时建设一批扶贫车间,实现无法离乡的贫困劳动力就地就近务工。积极开发公益性岗位8674个,累计安排万名贫困劳动力稳定就业。自主创收带动增收,整合资产资源,通过盘活集体闲置用房、组织种植烤烟等方式带动增收,自主发展壮大村级集体经济。宁蒗县创新村级集体经济发展方式,结合实际探索,集体经济收入由以"输血型"为主向以"造血型"为主转变,确保每个村有持续稳定的集体经济收入,实现村村有项目、年年有分红、村村有钱花、年年有结余的目标。

5. 新疆维吾尔自治区伊犁哈萨克自治州伊宁市伊宁县

(1) 伊宁县的旅游扶贫。

伊宁县位于伊犁河谷中部,是旅游资源的富集地。伊宁县内练旅游综合服务能力,外塑旅游品牌形象,大力实施旅游兴疆战略,推动旅游产业高质量发展,推动旅游景观全域优化、旅游服务全域配套、旅游治理全域覆盖、旅游产业全域联动、旅游成果全民共享,加快伊宁县全域旅游创建进程,打造"塞外江南·和美杏乡"的旅游名片。伊宁县连续多年举办新疆·伊犁杏花文化旅游节,旅游收入和游客人数逐年增加,杏乡知名度也逐年攀升。杏花文化旅游节已成为伊宁县促农增收的一个民生工程、民心工程和脱贫工程。

(2)伊宁县的易地扶贫搬迁。

易地扶贫搬迁是改善民生的重要手段和打赢脱贫攻坚战的关键内容。伊宁县易地搬迁迁出区主要分布在麻扎乡博尔博松村、麻扎村,阿乌利亚乡托逊村、布列开村等。这些村庄都位于大山深处,山沟内无路、无水、无电、无就医条件、无就学条件,自然条件恶劣、地质灾害频繁,牧民主要依靠放牧为生,生产方式落后,生活艰苦。除2019年7月阿乌利亚乡托逊村1户4人举家搬迁至哈萨克斯坦外,截至2020年10月,实际居住搬迁户242户1009人,易地扶贫搬迁建设任务已完成。

6. 湖北省黄冈市麻城市

(1)虎头狮村。

虎头狮村通过"龙头企业+合作社+贫困户"的联结模式,以福白菊为支柱产业,带动贫困户脱贫。针对菊农靠个人经验导致的收成难以保障的问题,政府每年邀请福白菊种植专家对菊农进行技术培训,开设讲座,宣讲福白菊种植技巧等知识。通过采访福白菊种植专家,我们了解到,在福田河镇范围内,技术培训每年涵括十五六个村,每村每次培训均有100人左右参加,到座率高。在种植技术方面,虎头狮村改进种苗,采用病菌较少的脱毒苗;增施有机肥,改用氮磷钾复合肥;改变移栽时间,将时间推后至五月中下旬。但目前花期提前技术空白,土地连作障碍等技术问题还有待进一步研究解决。

(2)纯阳山村。

通过实地调研,我们了解到,在纯阳山村,建档立卡的300多名贫困人口中,每3人就有1人靠菊花种植实现脱贫致富。此外,纯阳山村还是麻城福白菊原种保护中心所在地,与南京农业大学、湖北中医药大学等高等院校合作,开展一系列产学研合作,实施了原种保护、品种选育、土肥对比和品质分析的科研专题,探索"良种、良法、良模",推行有机绿色无公害种植。政府在纯阳山菊花基地投资300余万元,建设"中国福白菊原种保护中心",新建6000平方米的温室大棚,进行福白菊的原种种质保护提纯、扩繁、示范种植和技术人才培训等工作,2021年已向菊农免费发放80万株福白菊脱毒苗。据了解,福田河镇的福白菊脱毒苗都是在原种保护中心培育的,并且从保护中心移栽的福白菊脱毒苗优势十分明显,病虫管理更容易,投入成本更低,预计每亩可增收100千克。

（二）实践成果分析

1. 横向比较

从横向上看，可以把此次社会实践研究对象分成 3 个民族自治地区和 3 个非民族自治地区。其中，云南省丽江市宁蒗县、云南省文山壮族苗族自治州广南县、新疆维吾尔自治区伊犁哈萨克自治州伊宁市伊宁县属于民族自治地区，河南省驻马店市平舆县、江西省吉安市新干县、湖北省黄冈市麻城市属于非民族自治地区。

在民族自治地区，通过团队队员的实地调研、采访等方式，我们发现，在其脱贫攻坚与乡村振兴的策略上，少数民族聚居区由于民族众多且注重民族团结，拥有浓郁的民族特色和文化符号，村里就借助当地的民族特色，打造了别具一格的民族特色村、特色旅游名片，宣传少数民族特色文化，通过乡村旅游业带领当地脱贫致富，如云南省文山壮族苗族自治州的六郎村、新疆维吾尔自治区伊犁哈萨克自治州伊宁市伊宁县的杏花文化旅游节。此外，我们还发现，在少数民族聚居区，如云南省丽江市宁蒗县、新疆维吾尔自治区伊犁哈萨克自治州伊宁市伊宁县，易地扶贫搬迁也是当地精准扶贫的突出亮点。我们考虑到，在长期的发展过程中，各民族形成了"大杂居、小聚居"的格局，在一些少数民族聚居的边远地区，由于地处深山、荒漠等生存环境恶劣、不具备发展基本条件的地方，就地发展问题长期存在，因此易地搬迁助力脱贫致富尤为重要，也不难理解易地扶贫搬迁是少数民族聚居区脱贫致富的一大亮点。

在我们进行社会实践的 6 个县市中，当地政府都因地制宜，根据其特色产业，大力发展产业扶贫，如河南省驻马店市平舆县的葡萄种植采摘基地、江西省吉安市新干县"红橘之乡"三湖红橘产业、云南省文山壮族苗族自治州广南县六郎村的铁皮石斛研究基地、新疆维吾尔自治区伊犁哈萨克自治州伊宁市伊宁县的杏花文化旅游节、湖北省黄冈市麻城市福田河镇福白菊种植产业。这些特色产业，不仅增加了就业机会，提高了收入，还吸引了乡村人才回流，引领乡村走上了脱贫致富的振兴之路。

2. 纵向比较

从纵向上看，在我们进行社会实践的 6 个县市中，曾经的国家扶贫工作重点县都走上了脱贫致富的振兴之路。通过实践调研，我们发现，除一些需要进行易地搬迁的边远贫困地区外，乡村的特色产业既延续了以往的基础，因地制宜，又进行了技术创新、模式创新等创新改良，例如湖北省黄冈市麻城市福田河镇的福白菊产业。据《麻城县志》记载，早在公元 997 年福田河镇就开始种植菊花,至今已有1000余年的历史。福白菊在20世纪50年代开始便作为中药材引种和推广,新中国成立后,通过综合的政策和技术等措施,当地有效地推动了"麻城福白菊"产业的发展。此外,除乡村传统的种植产业外,各地采用了"特色产业＋旅游"的模式,开发乡村旅游项目,帮助当地贫困户走上脱贫致富之路。

(三) 实践结论

精准脱贫是全面建成小康社会的三大攻坚战之一,乡村振兴是实现"两个一百年"奋斗目标的重大战略举措。脱贫攻坚与乡村振兴战略是相互支撑、相互配合、有机衔接的。笔者团队通过开展"暑期六人六地探秘从脱贫到振兴的乡村发展之路"社会实践活动,深入曾经的国家扶贫工作重点县,实地调研、采访,针对从脱贫到振兴的乡村发展之路,得出以下结论。

1. 以特色产业扶贫为支撑点,加大乡村振兴的动力

在推动脱贫攻坚与乡村振兴有效衔接的过程中,各地始终坚持因地制宜、循因施策,大力发展适合当地的特色产业,与当地农村有机结合,为乡村振兴加大动力。

2. 创新生产模式,打造多元化产业链,提高乡村引力

在推动脱贫攻坚与乡村振兴有效衔接的过程中,各地既继承传统生产模式,又进行创新发展,将传统模式与互联网、旅游等时下热门的模式结合,多元化发展,为乡村振兴注入了活力。

3. 易地扶贫搬迁,加强乡村环境治理,创造乡村振兴宜居环境

在推动脱贫攻坚与乡村振兴有效衔接的过程中,对边远贫困地区实行易地搬迁,改造乡村生态环境,为乡村振兴创造宜居沃土。

(四) 对策和建议

1. 河南省驻马店市平舆县

近年来,该县的生活水平显著提高,但相对来说还是有很大比例的年轻人外出打工,造成农村劳动人口流失,收入来源单一,希望县政府能够在特色生态农业、旅游景点等方面多加关注,改善农村"留守儿童＋空巢老人"的局面。

2. 云南省丽江市宁蒗县

尽管生活条件提高了,但是希望可以增加老人们的一些活动,关注老年人

群体的需求。另外还有一些人,由于在老家里有农田,所以经常不在易地搬迁的安置地居住,希望可以多考虑一下这些农民的生活。

3. 江西省吉安市新干县

村民没有认识到互联网在农产品售卖上的作用。从村民口中了解到,每年红橘的产量大,品质也好,却总是卖不出去,最多是运到县城售卖。大量红橘处于滞销状态,最后腐烂被倒掉。乡村振兴也可以走直播卖货的道路,先让村民们了解互联网,让他们对此有信心,将红橘的销路打开,通过直播卖货拉动当地经济的发展。在调查实践过程中我们遇到村民在开垦荒地,然后焚烧杂乱的草垛、枯树枝等,浓烟夹带着灰屑在空中蔓延,影响空气质量。此类焚烧问题应被治理,可将杂草等当成天然的肥料,待其腐化即可。横河湿地保护小区可发展旅游业,在不妨碍环境保护的前提下,吸引外地游客,拉动经济增长。

4. 云南省文山壮族苗族自治州广南县

实践过程中,我们发现杨柳井乡的千亩野生石斛基地还在建设中,部分设施还未完善,虽然杨柳井乡想打造旅游业,但听说该基地的人太少,旅游业难以发展,建议增大宣传力度,便于打造旅游业以及销售石斛。在采访农加贵老师的过程中,我们了解到外人对麻风病村还存在恐惧心理,建议在宣传农加贵老师形象的同时改变人们的看法。

5. 新疆维吾尔自治区伊犁哈萨克自治州伊宁市伊宁县

伊犁州的旅游资源十分丰富,有"塞上江南"的美称,但相比于其他县市,伊宁县旅游产业的发展还比较落后。它的乡村旅游存在管理政策法规比较落后、管理部门权责不清、服务水平较低、基础设施不全面等问题。同样,伊宁县也要科学规划论证,避免盲目开发,加强生态环境保护,加大乡村旅游资金投入力度,积极改善基础设施建设,加强培训以提高专业化水平。

6. 湖北省黄冈市麻城市

川菊、杭菊和福白菊为我国三大白菊,但福白菊的市场影响力远不如前两种。通过实地调研后,笔者发现,虽然福田河镇的福白菊产业已走上规模化发展之路,但其规模有限且各村的发展较不平衡,除现有的村福白菊多元化产业链较为完善外,有的村仍有不少农户处于散户种植的传统模式。此外,笔者还发现,虽然福田河镇的旅游业已初具雏形,但起步缓慢,相关设施、项目还处于建设阶段,旅游地宣传和游客引流问题还有待解决。笔者认为,一方面,地方需要加快相关基础设施的建设;另一方面,也需要加强产品创新、提高产品质量,打造福白菊特色品牌,以吸引更多人关注福白菊产业。

乡村振兴视阈下的经济发展：路径、问题与对策
——基于山东省诸城市辛兴镇的调查

赵一博　赵吉喆　王娅[①]

一、调查背景与目的

紧扣我国社会主要矛盾的变化，党的十九大报告提出实施乡村振兴战略，并指出"要坚持农业农村优先发展，按照产业兴旺、生态宜居、乡风文明、治理有效、生活富裕的总要求，建立健全城乡融合发展体制机制和政策体系，加快推进农业农村现代化……构建现代农业产业体系、生产体系、经营体系，完善农业支持保护制度，发展多种形式适度规模经营，培育新型农业经营主体，健全农业社会化服务体系，实现小农户和现代农业发展有机衔接。促进农村一二三产业融合发展，支持和鼓励农民就业创业，拓宽增收渠道"。党的二十大报告强调"全面推进乡村振兴"。发展农村经济是实施乡村振兴战略的必然要求。

在此背景下，我们社会实践团队调研小组前往辛兴镇，通过参观、亲身体验，进行调查并学习辛兴镇发展乡村经济的宝贵经验，探索乡村振兴战略的深入推进之道。

二、调查的内容与方法

（一）调查内容

在本次社会实践调查中，笔者以"乡镇振兴与经济发展"为主题，对辛兴镇的经济发展状况进行了全面的调查，并通过深入分析，找出了其经济发展中存在的问题，提出了相应的完善建议。

（二）调查方法

问卷调查法、访谈法。

---

① 赵一博、赵吉喆、王娅均为华中科技大学中德临床医学专业 2020 级本科生。

三、调查的结果与分析

（一）基本状况

辛兴镇位于诸城市东部，东与青岛市胶州市接壤，是诸城市的工业重镇。总面积约 80 平方公里，耕地面积 6.8 万亩，辖 2 个社区、11 个行政村，4.3 万人。辛兴镇是全国重点镇、山东省中心镇，曾荣获"中国人居环境范例奖"。2018 年，辛兴镇党委被表彰为全省干事创业好班子。2020 年，全镇完成财政总收入 3.1 亿元，地方财政收入 1.9 亿元；规模以上企业实现销售收入 163.3 亿元、利税 4.96 亿元。

（二）主要做法和成效

辛兴镇立足工业产业发展优势，着力推动工业反哺农业、服务业，不断增加农民增收致富途径，提高其增收致富能力，以工业为切入点并大力发展，让农民真正享受到了工业发展带来的红利。下面，笔者从现代工业、农业、服务业三个方面依次进行概述与分析。

1. 现代工业：蓬勃发展

改革开放以来，辛兴镇工业结构深刻变化，创新能力不断增强，实现了工业化由初期阶段向中后期阶段迈进的历史性跨越。近年来，辛兴镇坚持"工业立镇、工业强镇"的发展思路，发展生物医药、高端装备制造、宠物经济三大主导产业，共有龙头骨干企业 106 家，其中中等规模以上企业 25 家，山东大业、东晓生物、兴贸玉米等销售收入过十亿元企业 4 家。在对辛兴镇三处工业产业园进行参观的过程中，笔者真正感受到了当地蓬勃发展的工业经济：无论是拥有十几个万吨玉米储罐、日消耗 8000 吨玉米的生物产业园，还是坐拥东西两片园区、占地千余亩的胎圈钢丝生产基地，均展现了磅礴的发展潜力，如表 1 所示。

表 1　辛兴镇龙头企业规模一览表

龙头企业	中小型企业	中型企业	大型企业	总计
数目	81	21	4	106

下面对三大主导产业的基本情况进行简单介绍与分析。

（1）生物医药。

辛兴镇生物医药产业园位于镇驻地中部，规划面积 5000 亩，是以淀粉深加工产业为基础，以生物医药产业为主导，以生产生物制品、保健品和现代中药为重点的高新技术产业园区。目前,园区已有东晓生物、兴贸玉米、浩天药业、源发生物、曙光生物等骨干企业,是全球最大的赤藓糖醇、高端植物蛋白乳基粉、肌醇、甜菊糖、黄芩苷生产基地。2020年,生物医药产业园实现销售收入111.6亿元、利税3.16亿元。

(2)高端装备制造。

辛兴镇现代装备制造产业以轮胎金属骨架材料、汽车零部件、机械设备为重点高新技术产业,规划面积6平方公里,以山东大业股份有限公司为龙头,培育了润沃机械、清华金属等多家国家级高新技术企业,是目前中国最大、世界第二的胎圈钢丝生产基地。其中山东大业股份有限公司建有国家橡胶骨架材料标准研发基地、全国石油和化工行业高性能轮胎胎圈钢丝工程研究中心、院士工作站等研发创新平台,拥有专利授权110项,是最新版胎圈钢丝国家标准主持起草单位。

(3)宠物经济。

近年来,辛兴镇采用"腾笼换鸟"的策略,盘活利用低效闲置用地,规划建设占地1000亩的宠物经济产业园。计划通过"引进一个项目,形成一个链条,带动一个产业",将辛兴镇主导产业由生物医药和高端装备制造的"两轮驱动"发展为加上宠物经济的"三驱并进",打造起区域性宠物经济产业园。

目前辛兴镇宠物经济产业园主要由宠物冻干食品项目、宠物日粮项目和SPF(无特定病原)猪智能化繁育项目组成。宠物冻干食品项目分两期建设,总投资1.6亿元,厂房、车间总占地1.4万平方米,可年产冻干食品3000吨,产值5亿元,是目前国内最大、最先进的冻干食品生产基地。其三期工程正在规划中,待二期工程运营成熟后开工建设。宠物日粮项目投资7000万元,年可产宠物日粮6000吨,实现产值1.5亿元。SPF猪智能化繁育项目是最新引进的一个项目,总投资3500万元,改建车间5000平方米,年可出栏SPF猪1000头,实现产值5000万元、利润1000万元。

2. 现代农业:稳步提升

改革开放以来,辛兴镇坚持稳定和完善农村基本经营制度,坚持市场化改革方向,以加快发展现代农业为重点,不断提高农业综合生产能力,大力加强农村基础设施建设,农业可持续发展的局面加速形成。现已培育潍坊市市级以上农业龙头企业11家,农民专业合作社176家、家庭农场75家,完成"三品一标"认证47个。建成的黄烟种植示范园区,是全省现代烟草生态循环农业示范基地、全国规模化生态烟叶种植基地。另外,还有水果玉米种植加工基地、金银花种植基地等农业园区。辛兴镇还实施了5000亩农村土地综合整治、3.2万亩农田深耕、4万亩基本农田改造等农业项目,农业装备水平不断提高。近年,规划建设高效冬暖式大棚蔬菜、甜叶菊育苗、优质林果三大农业板块,建成齐沟、朱庙高效冬暖式大棚蔬菜种植基地,以及三处甜叶菊育苗示范基地。新发展了润竹山祁家庄生态农业示范园、德农现代智慧农业综合体、德友未来农场现代化肉鸡养殖等现代农业项目。

镇党委和政府按照"一社区一特色",要求每个社区根据自身产业基础、土地资源禀赋等因素,至少建成一个200亩以上的现代农业园区,加快实现农民增收、农业增效、农村增活力。

现代化农业是建立在现代科学技术和市场经济基础上的农业,这些依靠农业自身很难办到,必须借助农村工业及其他非农产业的力量,实行"以工补农"和"以工建农",将农业现代化纳入农村工业化的轨道。辛兴镇此举,深刻落实了"工业反哺农业",让群众享受到工业发展的切实利益,实现群众生活富裕。此外,辛兴镇也大力发展集体经济,改善个体农民在市场竞争中的弱势地位,直接增加村民的收入。

3. 现代服务业:逐渐升级

改革开放给辛兴镇的市场发展开辟了前所未有的广阔空间,在国家一系列扩大内需、促进消费的宏观政策作用下,区域内市场快速发展,规模不断扩大,零售业态从单一走向多种多样。现代商品市场体系逐步完善,流通现代化水平也迅速提高,以现代信息技术为主要内容的各种先进流通经营管理手段得到广泛应用,辛兴镇培育起浩天物流、益隆物流等15家骨干企业,同时成功引进德邦物流,实现了现代物流业与主导产业的融合发展。此外,2021年还引进中宁、嘉宁保险代理公司在辛兴镇设立山东总部和潍坊总部,持续发挥总部优势,形成新的经济增长点。

随着互联网的发展,电商优势也逐渐凸显,兴贸玉米、天福食品、官胡同、兴旺家居等企业顺应"互联网+"发展趋势,利用线上平台不断拓展销售网络,提高经营效益。

近年来,辛兴镇逐步构建起"以商贸城为龙头、5条镇区商业街为支撑"的商贸体系,发展服务业户2000余家,服务业经济大大繁荣。

辛兴镇的服务业发展也反映了工业建设对经济发展的重要性,通过产业基地的开发建设,吸引企业进驻。同时,企业的进驻也会带来大量的人流,这便产生了旺盛的消费需求,为居民带来了很多商业机会,从而大幅提高了居民收入,进而加大投入,改善园区环境,吸引更多、更强的企业进驻,带来更多的租金收入和商业机会,最终形成一条完整的良性发展链条。从辛兴镇农业及服务业的发展中不难看出工业在其乡村振兴中的支柱地位。

(三) 存在的问题

通过此次对辛兴镇的调查,笔者发现辛兴镇的经济发展仍存在以下不足之处。

1. 产业发展空间不足

作为诸城市面积最小的镇子,辛兴镇本身可利用的土地面积较小,而其工农业的发展均需要较多的土地,这使得土地供需矛盾突出。同时,随着土地价格的不断上涨,土地的征拆成本越来越高,这在一定程度上限制了企业的持续发展。随着企业的不断发展壮大,土地资源短缺的问题越来越突出,生产空间不足成为无法避免的问题。

2. 对高质量人才的吸引能力不足

问卷调查结果显示,辛兴镇内高学历居民占比较低。此外,63.2%的居民希望子女在其他大城市发展,51.4%的居民认为辛兴镇不具备吸引人才的条件。企业的发展前景与企业所拥有的人才数目和素质息息相关,但是辛兴镇作为一个乡级行政区,加之其所处地理位置带来的局限性,其自身所具有的竞争力以及对人才的吸引力比较有限。作为辛兴镇主导工业的现代装备制造业和生物医药产业均属于知识密集型产业,对人才的需求十分迫切。但由于镇内企业尚不能为人才提供更高的薪金、福利、发展空间以及社会地位等需求,专业技术人才、企业管理人才和市场营销人才等各类优秀人才的缺口较大。

3. 乡镇环境有待提升

据我们调研组现场考察,辛兴镇内并没有形成良好的工业废物、垃圾处理机制,大量有害物质不曾得到适当的处理便被排放到外界,进而导致镇内空气质量相对较差。部分居民对镇政府的环境治理能力不满。

在推进乡镇振兴的过程中,除经济发展外,环境保护同样占重要地位。乡镇在发展过程中应该坚持落实可持续发展的方针政策,做到既要金山银山,又要绿水青山。

(四) 对策建议

基于与政府部门的沟通交流以及对取得的资料进行分析的结果,笔者认为,辛兴镇可以从如下几个方面改进现存问题。

(1) 工业作为辛兴镇的主导产业,应集中各方面力量,促进其质量提升。为了产业园区长期的发展,可以在巩固现有工业经济的基础上进一步引进一批市场影响力较大、公众认知度高、社会美誉度好的骨干企业,招揽各行各业的高精尖人才,创建一片有主导功能、有支柱产业、有特色拳头产品的高质量工业产业园区。

(2) 对于现代装备制造产业,因为辛兴镇的高端装备制造产业处于现代装备制造产业链的上游,所以我们小组认为可以延长其产业链,积极招引下游企业(如整机制造、对接高端设备的应用客户等企业)入驻,不断开发新型产品,这样既可以降低中间产品运输的成本,以获取更多的利润,又有利于形成工业的集聚效应,促进现代装备制造产业的不断完善,增强其市场竞争力。此外,对高端装备制造产业而言,由于其技术含量高,应该注重机械制造人才的引进,以增强企业的创新创造能力,加大生产的机械化和规模化程度,提高产品的竞争力。

(3) 对于生物医药产业,辛兴镇应该在保证产业链上游的生物制品、保健品和现代中药稳定生产的前提下,瞄准产业高端发力,积极进行产业的转型升级,大力研发培育高端新产品,淘汰或改良低端产品,并减少生产过程中的污染,积极向生态绿色、智能制造发展。此外,应适当延长产业链,例如打造以健康管理为主要服务内容的产业,建立疗养院、医院等。这不仅可以完善现有的产业链,还可以通过调查疗养院内客户的需求与对产品的态度,更加准确地了解市场,以利于医药产品的深入改进和研发。作为生物医药产业,应加大科研投入,不断引进有关人才和先进技术设备,以提高创新能力,自主研发新型医药产品,打造优质品牌。应格外注意的是,在发展医药卫生产业时,一定要保证产品的安全性,持续做好跟踪服务。

(4) 借助高端装备制造、生物医药、宠物经济三大主导产业所产生的综合优势,辛兴镇可以进一步发展。例如,作为一种生物医学研究用动物,智能化繁育出的 SPF 猪可用于生物医药产业中新型药品的临床实验研究;现代装备制造产业可以生产用于制作宠物冻干食品的机器,减小从外地购买机器所产生的运输费用和器械损耗等。

(5) 对于其他产业,有关部门应加大对乡镇经济发展的扶持力度,避免或破除由自然地理因素导致的发展瓶颈。例如,针对重点项目工程,政府加大资金扶持或出台相应的金融优惠政策,银行加大对企业的信贷支持,鼓励民间资本参与项目建设,持续破解项目资金瓶颈。强化招商引资,坚持领导带头抓招商,采取专班招商、企业招商、园区招商等方式,集中力量招引核心竞争力强、税收贡献大的优质项目。督促在谈项目的落地,加快培育新的经济增长点。政府还应加强对企业科技创新的扶持力度,积极为企业牵线搭桥,招引更多科技人才,加强与知名高校、科研院所的合作联系,积极引进培育一批对产业转型升级具有强力带动作用的领军型人才,增强企业科技创新能力,实现从"人才"到"钱财"的转化。

（6）实现乡村振兴,必须维护农村良好的生态环境。生态宜居是乡村振兴的关键,良好的生态环境是农村的最大优势和宝贵财富。应当进一步严格实行乡村工业准入制度,合理规划乡村工业布局,严格控制高能耗、重污染的工业进入乡村,积极引进低能耗、高效益工业,有选择地发展乡村工业;改革乡村农业生产方式,大力发展绿色农业,切实保护好耕地及农村生物资源,实现人与自然的和谐共生,落实可持续发展战略,践行"绿水青山就是金山银山"的理念。

特色茶产业促进乡村振兴的路径探析
——基于湖北省恩施土家族苗族自治州的调查

向梓杨[①]

一、调查背景与目的

湖北省恩施土家族苗族自治州曾是国家集中连片的贫困区之一,自党的十八大以来,恩施州深入贯彻落实会议相关精神,因地制宜开展乡村振兴、脱贫攻坚实践,充分发掘州内独有的自然资源,随后发现发展茶叶产业能够在较大程度上发挥出硒和当地自然条件的价值,于是着力打造特色硒茶产业,使其不仅在政府主导的几个产业园内生根,而且在整个州内扎根发芽。凭借特色硒茶产业,州内乡村实现了跨越式发展,打响了"世界硒都"这块金字招牌。

笔者前往恩施州的巴东县,致力于通过问卷调查、访谈的方法,去了解该县如何以当地特色的硒茶产业带动全县农村的振兴,实现跨越式的发展;并且想助力当地的普通话推广工作,了解当地产业的普通话需求,为当地的特色产业贡献高校人文学子的力量。

二、调查的内容与方法

(一) 调查内容

在本次社会实践的调查过程中,笔者以"农业农村发展"为主题,对巴东县农民与金果茶业形成的特殊茶叶生产模式进行重点的了解和考察,探究硒茶产业与旅游业、电商业的深度结合,考察了这一产业模式的具体运作规律及其在乡村振兴中的作用,总结出这种产业模式的成功经验与不足之处。

(二) 调查方法

问卷调查法、访谈法。

---

① 向梓杨为华中科技大学汉语国际教育专业 2020 级本科生。

三、调查的结果与分析

（一）基本状况

恩施州是高原与东部低山丘陵平原的过渡区域，境内小气候发育，冬无严寒、夏无酷暑、雨热同期、降水充沛。独特的地理气候环境，造就了生物的多样性，所以恩施州素有"天然植物园"的美称。在恩施的众多农产品中，茶叶最为出名。2021年第一季度，恩施州全州规模以上食品企业131家，其中酒、饮料和精茶制造企业72家，为恩施的经济发展与进步提供了极大的助力。

茶产业在当地是助力村民致富、百姓幸福生活的重要产业，在恩施州以及邻近乡县都有着广泛的分布。在良好的地理与气候条件下，恩施州的茶产业以其先天性的优势，取得了良好的发展成果。

（二）调查成果分析

1. 恩施州茶产业蓬勃发展的原因

1）富含硒元素，具有明显的地域特色

恩施州被称为世界硒都，在这里发现了世界上第一座独立硒矿床，从而为这里富硒产品的开发提供了广阔的前景，也为缺硒地区带来了福音。众所周知，硒是人体必需的微量元素，缺硒会引发克山病（也称地方性心肌病）、骨节病等，还会造成智力低下、甲状腺激素合成障碍等不良后果。由于硒元素对人体有着重要作用与意义，人们越来越注重对硒元素的补充。恩施州独特的环境使得其生产的茶叶富含硒元素，这就恰好满足了缺硒地区人们的需要，也为恩施茶产业的发展提供了广阔的市场。

2）国家发展战略支持

恩施州是湖北省内唯一实施国家西部大开发战略的地区，这一政策的实施为恩施州的发展带来了极大的红利。在新时代湖北省推进西部大开发形成新格局的指导意见实施方案中，明确加大对恩施州的支持力度，将恩施机场迁建、沿江高铁渝恩宜段、安恩张衡铁路、恩黔铁路等重大交通项目纳入方案，明确支持恩施州国家一类航空口岸对外开放。公路、铁路、机场等各种交通基础设施的完善让恩施的农产品运输更加便利，也在一定程度上扩大了其销售范围。同时，在西部大开发战略的支持下，恩施能够开拓西部市场并在本地进行经济结构的调整与改革，促进本地经济的腾飞。

3) 线上线下双平台的销售模式

经过一番走访与调查发现,恩施不只在线下实体店销售茶叶,电商直播等线上销售平台也在火热进行中。近年来,互联网的蓬勃发展带动了网上购物的兴起,恩施州也乘着互联网的东风建立了多个电商合作社,进行农产品的线上销售。线下线上双重方式的结合,提高了恩施茶叶的知名度,扩大了其销售范围,促进了茶叶的外销,增加了恩施人民的经济收入,使恩施茶产业更加蓬勃地发展。

2. 恩施州乡村振兴情况简析

恩施州的乡村振兴主要分为产业振兴和政策扶持。

1) 产业振兴

在产业振兴方面,我们着力进行了以茶产业为代表的第一产业(即农业)的调查,以及以旅游疗养业为主的第三产业的调查。

从结果来看,恩施州采用因地制宜的方式,结合当地发展现状与自然社会条件进行决策。当地通过发展茶产业(如硒茶)、种植业(如稻米、玉米等粮食,葡萄、桃子等蔬果),以及旅游业和疗养业相结合的方式,成功助力当地居民提高收入、脱贫致富。

同时,恩施州开展茶生产和茶园生态链产业,将第一产业和第三产业相结合,同时也采用"互联网＋电商"的形式,促进了整个恩施州产业经济的发展。

近年来,恩施州硒食品精深加工产业以提层次、补短板、创品牌为抓手,以促进硒农产品精深加工转化和产业融合发展为目标,不断挖掘产业新的经济增长点和发展动能,全力推进硒食品精深加工产业高质量发展,产业规模快速扩大,市场主体不断壮大,产业产值不断上升,提高了硒产业地位和增强了其影响力。

截至2021年6月,全州硒食品精深加工企业有2865家,较上年底增加337家,总产值达92.31亿元。其中规模以上企业126家,实现产值26.87亿元,产值过亿元的企业有2家。

恩施州同时也立足生态功能区定位,依托资源禀赋和产业基础,以新思维、新技术、新产业、新业态促进产业融合化、产品标准化、品牌高端化、市场全球化,以硒农产品精深加工为基础,硒保健食品与功能食品开发生产为重点,原料、研发、检测、展会、营销等为配套的硒食品精深加工产业正在加速崛起。

2) 政策扶持

当地出台了移风易俗的相关政策与规章,引导当地人文明用语,合理取缔旧的丧葬习俗,发展适合新时代的新文化等,提高了百姓的个人素质。此外,政府也给予了足够的产业支持,对于弱势的产业和尚未发展起来的新产业进行政策和资金支持,积极招商引资,促进产业发展。最后,当地也通过乡村振兴的相关政策发起号召,以避暑养生为主打点,吸引周边地区的人前来旅居,同时也积极向外输出优秀劳动力,提升本地的人均地区生产总值。

但是,产业发展不完善(小商贩或者个体经营居多),主打特色少或者个体优势不足(硒产业和避暑疗养与其他一些地区有所重叠),以及当地发展不足、基础设施不完善所造成的劳动力流失问题仍待解决。

3) 发展特色和现状

总体来说,恩施州以硒产业为主线,串起了茶产业、种植业、旅游业与疗养业等多种产业,使得"硒+"模式成为恩施州最具有特色的产业链和发展模式。这种模式结合了当地的发展状况,在国家"乡村振兴"战略的影响下,为当地的发展做出了卓越而突出的贡献。

然而,发展不平衡(不同地区发展状况差异大)、发展不充分(仍有许多周边地区交通、基础设施建设等不完善)、人民生活水平不高(楼房仍是土楼,家具不齐全,街边多老年人小商贩)等问题仍然存在,需要加以改进。

4) 乡村振兴战略落实情况

为更好地促进恩施乡村振兴工作的开展,2021年6月6日,恩施州乡村振兴局正式挂牌成立。恩施州在乡村振兴中加快农业现代化进程,紧扣"土""硒""茶""凉""绿",深挖资源优势、探索转化路径、培育优势产业,提升发展的含金量和含绿量。长期以来,恩施州乡村发展水平较低,归结其原因有:①传统文化根深蒂固的影响,致使精神文明匮乏;②基础设施不完善,交通不便,信息闭塞;③教育事业发展缓慢,义务教育普及程度低;④产业结构不完善且单一,以传统的小农经济发展模式为主;⑤缺乏与社会的融合。

如今,乡村振兴战略的实施很好地帮助恩施州农村解决了这些问题。①修建恩黔铁路、安恩张衡铁路等交通线,迁建恩施机场等措施促进了恩施州与外界的联系,让"外面的人进得来,里面的人出得去"。②普及九年义务教育,提高村民的文化水平,让他们逐步摆脱传统文化的禁锢,更好地接受外来新鲜事物。③进行农村道路、住房等改革,为村民营造良好的生活环境。④实施人才引进战略,鼓励学有所成的大学生回家乡创业,为恩施农村的发展注入新鲜血液,让乡村发展更加充满活力。我们社会实践团队来到恩施州巴东县石桥坪,进入村庄映入眼帘的便是整洁的乡间小道与美观的特色房屋,再往里走,便是文化广场与老人之家。在此,我们亲眼见到了乡村振兴的成果,在与村干部的谈话中,我们也了解到了乡村振兴对整个石桥坪乃至所有乡村的意义。

(三)存在的问题及建议

1. 电商平台发展不够完善,覆盖面不够广

在走访中,我们了解到恩施州的许多乡村已经建立电商直播平台,但是这些电商平台还有较大的发展空间,进行直播带货的也多是县级或村级干部,对年轻人的吸引力不大,覆盖面有待扩大。

2. 须重视老年人心理健康问题

建议对村里老年人的心理及精神方面给予更多关注。在石桥坪,我们看到了村委会特地为老年人建立的老年之家,但是我们在走访村庄的过程中,看到了一位疑似精神有问题的老年人独自一人在村子里行走,这可能存在一定的安全问题,需要引起重视。

3. 政府服务不够

政府部门的分工应该更加明确,确保每个方面都有专门负责的人员。这样不仅能够提高政府部门的工作效率,也可以方便百姓、造福人民。

4. 茶产业对当地发展的贡献有限,后继乏力的问题仍然存在

要通过新科技、新选择、新途径,扩大产业范围,将茶叶从单一产业转变为复合产业,注重创造新的消费模式,推动茶产业多元化发展。

花卉产业促进乡村振兴的模式与成效

——基于云南省昆明市斗南街道的调研

张金驰[①]

一、调查背景与目的

以"农业、农村、农民"为主的三农问题,是关系国计民生的根本性问题。为切实改善民生,提高农村百姓的生活水平和幸福感,党的十九大报告提出实施乡村振兴战略,明确了"产业兴旺、生态宜居、乡风文明、治理有效、生活富裕"的总要求。党的二十大报告强调"全面推进乡村振兴"。从本质上看,发展乡村产业是乡村振兴的首要任务,也是乡村振兴的基础所在。2018年的中央一号文件《中共中央 国务院关于实施乡村振兴战略的意见》中指出,产业兴旺是重点。必须加快构建现代农业产业体系、生产体系、经营体系,延长产业链发展;加快建设现代农业产业园和特色农产品优势区,促进农村一、二、三产业融合发展;实施产业兴村强县行动。

在"乡村振兴战略"的实施和"全面推进乡村振兴"背景下,云南特色高原农业的典型代表——斗南花卉产业蒸蒸日上,发展得如火如荼。世界第二、亚洲第一的鲜切花交易市场——斗南街道,位于云南省昆明市呈贡区。笔者通过全面、动态的分析阐述斗南花卉产业园的发展现状,分析其对周边乡村的辐射带动作用,从而延伸探索出云南花卉产业链的自身发展及产业融合给云南经济所带来的积极影响,给云南乡村振兴带来的助力作用,为斗南花卉产业园的进一步发展提出可行性规划建议,助力云南花卉产业在"乡村振兴战略"的背景下蓬勃发展,不断增进花卉产业与云南乡村振兴发展间的紧密联系,让花卉产业的发展更好地带动和助力云南乡村振兴。

---

① 张金驰为华中科技大学临床医学专业2020级本科生。

二、调查的内容与方法

（一）调查内容

在本次社会实践调查中，笔者以"乡村振兴"为主题，力求探索斗南花卉产业蓬勃发展与乡村振兴间的紧密联系，开展了关于发展特色产业对当地民生经济影响的调查研究，调查政府相关政策与措施对斗南花卉产业的影响，花卉产业发展对当地经济的促进作用。同时，了解改革开放政策对斗南经济的发展，对当地人民的生活质量、医疗、教育等方面的影响，以及百姓对政府改革开放工作的看法，从而得出我们对政府工作的反思。

（二）调查方法

问卷调查法、访谈法。

三、调查的结果与分析

（一）基本状况

昆明四季温暖如春，全年温差较小，湿度适宜，日照长，霜期短，所以鲜花长年不谢、草木四季常青，为花卉产业发展奠定了良好的基础。目前，斗南建成了功能齐全的综合鲜切花交易大厅、玫瑰交易厅、车花交易厅等。市场的建立与健康运行，为广大农户和从事花卉相关产业的商户和企业提供了良好的工作环境，大大促进了斗南的发展与乡村振兴的进程。

由于斗南的地域面积有限，且全国对优质鲜花的需求量与日俱增，鲜花种植产业辐射到了昆明的边缘地区及周围的其他市区，大大增加了鲜花产量的同时，也带动了大量农村地区的经济发展。每一个种植基地有接近上百亩的租用土地，为大量有地的农户带来了租赁土地的收入，而且制造基地还需要配备几十甚至几百名工作人员，又为当地带来了很多的就业机会，提高了当地的土地利用率和就业率，大大推动了乡村的整体发展。

（二）调查结果分析

1. 斗南花卉市场销售状况

主要种植与销售种类：玫瑰、勿忘我、满天星、海星、马可波罗、铁炮、百合、元帅等。

  鲜花成熟后会被种植户采集，然后运输到昆明的批发市场和交易市场，可以通过零售、批发、网络拍卖和加工处理成相关工艺产品等，充分发挥利用每一朵鲜花的价值。对于远销其他地方的鲜切花及相关产品，在"花花世界"与"创变云花"两大企业的高效管理与运营下，可以在很短的时间就完成对鲜花的分拣和包装，进行批发和包装远销。在交通网建立完备的情况下，到达全国各个重要城市只需要一天的时间，可以最大限度地保障鲜切花的质量与销量，为带动斗南及周边地区的经济发展做出了极大贡献。

  在突发新冠疫情的影响下，斗南的花卉市场受到了一定的影响，全国人流的减少导致了顾客的大量减少，影响了当地实体店的销量，不过当地企业和政府联合出台了一些辅助政策，帮助从事花卉产业的相关工作人员渡过了难关；与此同时，网上销售量大大增加，将实体店的损失弥补了回来，销量不减反增，所以总体上，斗南花卉市场的发展还是欣欣向荣的，而旅游业还要一段时间才能完全恢复。

2. 斗南花卉市场的发展趋势分析

  斗南花卉市场已经建设成为中国第一花卉特色小镇和亚洲第一的花卉产业创新研发高地，未来将着重于打造世界第一花卉交易中心。政府与企业强强联合，注重科技研发与人才的培养，培育出了很多优良的鲜花品种与花艺品。通过全体民众的努力与创新，斗南将会突破花卉市场的瓶颈，实现成为世界第一花卉交易中心的目标。

3. 斗南电子花卉交易中心情况分析

  作为斗南最大、最成熟的花卉交易中心，斗南电子花卉交易中心现拥有6万平方米的交易场馆，两个拍卖交易大厅、9口交易大钟、900个交易席位，每天可完成800万～1000万枝花卉交易。斗南电子花卉交易中心一直在斗南花卉发展和斗南乡村产业振兴中发挥着举足轻重的作用。

  作为影响世界的"云花"，"云南花卉世界一流""云南花卉产业世界第一""云南花卉占领产业制高点"是现今云南花卉的标签。但斗南花卉产业的发展并未止于此，"两翼齐飞"是未来斗南花卉产业发展的基石。两翼，即研发之翼和配套服务之翼。

  对于研发之翼，斗南电子花卉交易中心一直保持着高素质人才的培养和储备，并且以市场为引领，依靠人才对花卉的培养，不断提升花卉品种、自身技术、研发能力的竞争力，力求在国际上保持强大的影响力。同时，利用大数据既能对花农的资产水平做出评估，以此来决定对花农的资金扶持额度，又能对花卉未来走势做出科学判断,由此来指导花农种植和售卖花卉,保证高效率的经济产值。

对于配套服务之翼,斗南电子花卉交易中心的目标便是构建全产业链的数字化平台,主要是为了增强自身在交易中的地位,也是为了给花农及购买者提供更加便利、系统的服务。鉴于此,斗南电子花卉交易中心在不断完善交易链,力求能在多渠道覆盖花卉销售的同时,形成一套完整的体系,覆盖花卉的收购、鉴定、标价、拍卖等一系列工作。最后,面向国际,打通国际销售渠道,辐射全球,彻底让云南花卉在国际大舞台上发光发热。

4. 问卷调查结果分析

1) 人民生活

在对斗南花卉产业发展的满意度的调研中(图1),有超过一半的人选择了非常满意和满意。从中可以看出,人们对斗南花卉的发展状况都表达了肯定。

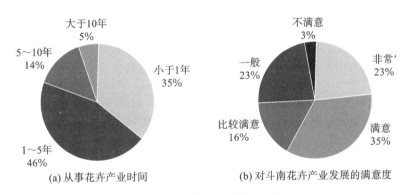

(a) 从事花卉产业时间　　(b) 对斗南花卉产业发展的满意度

图 1　斗南花卉产业发展调研

但有大部分人表示斗南花卉对于人们生活的改变程度很小(见图2)。这说明,在斗南花卉产业发展经过了萌芽期(1980—1990年)、成长期(1990—2000年)、稳步发展期(2000—2013年)、快速发展期(2013—2019年)后,现已进入成熟期,此时的斗南花卉产业形成了一套完整的体系。斗南完成了从最开始的小村庄时期,人们在作坊里生产花卉,以路为市、以街为市,到现在统一种植、培育,在有保障、有规模的市场和交易平台上交易的转变。而从图2(b)中可以看出,斗南吸引了很多外地居民来此工作,这也为斗南的发展注入了活力。而从从事时间上看[图1(a)],在5年以上的人不足20%,说明斗南花卉产业正处在一个更新换代的时期,虽然发展成熟,但现今仍是发展振兴的关键时期。

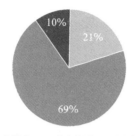
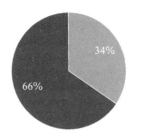

(a) 居民生活的改变程度　　(b) 从事花卉产业的居民信息

图 2　斗南花卉与居民生活

2) 政府工作

首先,如图 3 所示,居民对政府工作的满意度是很高的。据我们的了解,呈贡区为了促进斗南的发展,在斗南成立了呈贡新区斗南国际花卉产业园区管理委员会(以下简称管委会),为斗南未来的发展进行了规划。现今为了更好地完成对斗南花市的改造和乡村振兴的可持续发展,管委会把工作重心放在了将商业区和住宅区分离开来,并扩大斗南的建设。到目前为止,斗南的规划已经完成,在未来的工作中,管委会将一步步完成斗南的建设工作。

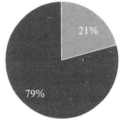
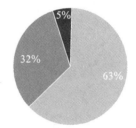

(a) 居民对政府对于斗南花卉的支持的感受　(b) 居民对政府对于斗南花卉的促进作用感受

图 3　居民的感受

(三) 存在的问题

经过对数据的分析,笔者发现,斗南花卉产业的发展目前存在以下问题。

1. 物流运输途中极大的花损率

去往"花拍中心"的路上,管委会的老师着重提到了当前斗南面临的困境之一就是物流中的鲜切花破损率高。现阶段管委会能做到的最低破损率大约为 30%,高的时候则可以达到 70%,这是损失最大的环节。产品破损率高的结果就是收益变低,与此同时,鲜花品牌口碑也会大打折扣。而反观荷兰爱士曼拍卖中心——世界上最大的花卉拍卖中心,采用了先进的包装、运输方式,可将破损率维持在10%~15%这样的较低水平。

斗南也正在努力,希望通过技术革新、材料更新等方式降低损失,这也需要高校、科研机构等相关人员的帮助,尽早让斗南花卉在各个方面都成为世界一流。

2. 规模和地域面积不匹配

近年来,斗南花卉产业发展迅速,规模不断扩增,许多新的商户和花农参与进来,仓库和配套服务所需用地面积也在增加,而斗南街道乃至整个呈贡新区的空地则在近几年的飞速发展中不断减少。一方面是鲜切花这个朝阳产业的蓬勃发展,另一方面是空地紧张,这将遏制斗南的进一步发展。

当地政府目前正积极寻找、协调用地,利用拆迁、向周边城镇扩张等方法腾出空地,助力斗南花卉产业更进一步。

3. 商住混合,安全风险高

许多小规模商户把染色作坊、仓库就设在家中,染色所用的化学试剂在密闭狭小的空间中极易发生爆炸,而老旧社区的狭窄通道也让意外发生时的救援难度增大,风险很大,对于商户本身和其他居民都十分不利。一旦发生危险,人身和财产安全就很难得到保障。

依照斗南产业管委会的发展规划,将在未来五年内实现商住分离,建立统一加工工厂、规划统一住宅,降低风险的同时也提高生产效率。

(四)发展优势分析

1. 自然条件

斗南最突出的优势便是它的自然条件,也正是依托于其优越的自然条件才让花卉产业在这里壮大,造福一方百姓。

第一是气候条件。云南属于低纬地区,海拔较高,有四季如春的昆明、湿热的西双版纳、四季分明的昭通等,为不同花卉的生长提供了条件,使得斗南鲜花品种多、品质高。

第二是地理位置。云南紧靠边境,与多个东南亚国家接壤,昆明地处西南中心,为斗南鲜切花销往全国各地、出口海外(尤其是东南亚国家)提供了便利。

2. 科技助力

斗南注重创新创造,用新兴科技带动传统种植业发展。

斗南"花拍中心"与云南农业大学等高校合作,建立花卉实验室,用于研发新品,一改曾经依赖进口种子、品种受限的局面,在品种方面也逐渐建立了优势。

斗南还引入大数据,用算法和数据得出图表和结论,直观看出每年的销量冠军、产量冠军,分析市场行情,以此指导花农下一年的种植方向。

"花拍中心"创造了适合在仓库里运送鲜花的小车,全部为自主知识产权,有着全自动、易装卸、可储水、活动灵敏等特点。

创新是引领发展的第一动力,有科技为翼定能让斗南飞得更高更远,尽早实现世界一流的目标。

3. 配套服务完善

斗南街道致力于打造更加完善的配套服务,目前已初具规模。除了传统的住宅、娱乐、医疗、教育等领域的配套服务外,还引入金融保险行业,把鲜花作为资产,可以抵押和投保。

在金融保险方面,目前已推出花商保,为农户提供鲜花保值、买卖的平台。疫情期间,斗南政府联合中国农业银行为农户提供低利率贷款,帮助他们平稳过渡、走出困境。此外,"花拍中心"还借助大数据为农户种植水平进行评估打分,并可作为抵押物来贷款,为其扩大产业提供资金扶持。

附件1:关于呈贡区政府的访谈提纲

1. 政府从什么时候开始决定把花卉产业作为斗南发展的重心的?

2. 斗南的花卉产业在当地的社会与经济发展中扮演着什么样的角色?为当地的社会生产以及经济效益带来了哪些好处?

3. 为了使斗南花卉产业有更加长远的发展,您认为应该在哪些方面予以改进?哪些方面还存在问题呢?

4. 为了解决存在的问题以及规划好花卉产业未来的发展,政府采取了哪些措施呢?

5. 批发市场的发展状况

(1) 一级、二级、三级批发市场的数量和分布。

(2) 综合批发市场和专业批发市场的分布情况。

(3) 产地批发市场和销地批发市场的分布情况。

（4）批发市场的销售情况、占地面积、辐射面积等(花卉特色商品批发市场的具体情况)。

（5）批发市场的固定投资情况及近年规划。

6. 零售企业的发展状况(如包含限额以上和限额以下企业、连锁和非连锁企业；各地市情况)

（1）百货店、专卖店、超市、便利店、购物中心等业态的花卉产业门店数量、销售情况等。

（2）高、中、低档销售企业的大概比例、销售情况、品牌的引入情况。

（3）花卉市场分布情况、从业人数、服务人数等。

（4）花卉市场发展情况，如数量、分布、连锁程度、配送情况等。

7. 地铁4号线开设的斗南站为当地经济发展带来了哪些好处？

8. 政府对未来斗南花卉产业的发展有哪些目标及展望呢？

附件2：关于斗南花卉市场基层的调查问卷

1. 您对斗南花卉产业发展整体感受如何？
   A. 非常满意　　B. 满意　　C. 比较满意　　D. 一般
   E. 不满意
2. 您和您的家人在斗南花卉产业的发展下生活状况改变如何？
   A. 改变很大　　B. 改变很小　　C. 没有改变
3. 您觉得政府对花卉产业的发展支持如何？
   A. 十分支持　　B. 比较支持　　C. 较不支持　　D. 不支持
4. 您认为政府扶持对斗南花卉产业发展的促进作用如何？
   A. 促进很大　　B. 促进很小　　C. 没有促进
5. 您对斗南花卉产业发展的态度如何？
   A. 十分重视　　B. 比较重视　　C. 不重视
6. 您是本地居民还是外地居民？
   A. 本地居民　　B. 外地居民
7. 您为什么会从事与花卉相关的产业？
   A. 政策优惠　　B. 朋友亲戚推荐　C. 个人兴趣　　D. 其他
8. 您从事花卉相关产业时间？
   A. 不到一年　　B. 一到五年　　C. 五到十年　　D. 十年以上
9. 您觉得花卉产业能给当地带来什么？（可多选）
   A. 知名度提升　　B. 提高经济发展　C. 促进就业　　D. 其他
10. 您认为斗南花卉产业如今发展优势在于？（可多选）

A. 地理位置处于优势　　　　　B. 政府扶持
C. 商户和公司的努力工作　　　D. 机会的把握
E. 其他

11. 您认为斗南花卉产业发展前景如何？
　　A. 前景广阔　　　B. 前景较好　　　C. 前景一般　　　　D. 前景不好

12. 您认为斗南花卉产业与乡村振兴的联系是否紧密？
　　A. 十分紧密　　　B. 较紧密　　　C. 一般　　　　　　D. 不紧密

13. 您对自己现在的生活满意度如何？

满意程度	很不满意	不满意	一般	满意	非常满意
生活环境					
交通便利					
基础设施					

14. 问答题：
您认为斗南花卉产业对生活最大的改变是什么？

乡村振兴视阈下田园综合体的发展路径与成效
——基于湖北省荆州市"一米农庄"的调查

黎梓豪[①]

一、调查背景与目的

进入 21 世纪的第三个十年,在"十四五"规划的开局之年,全面建成小康社会的如今,对乡村的发展提出了更高的要求。早在 2017 年,中央一号文件正式将田园综合体纳入乡村发展规划中,田园综合体的发展模式成为一个重要战略。以水果为主题的田园综合体农业发展模式以水果种植业为主,坚持"一村一品、一村一景",将传统种植业与食品加工业、乡村旅游业等相结合,顺应农业转型,力争农业、文化、旅游全面发展。田园综合体以特色水果产业为基本主体,在其之上顺应时代发展,坚持市场导向和产业融合,这是推动乡村振兴的重要产业发展模式。

笔者前往荆州市"一米农庄",通过问卷调查法、访谈法等多种形式,了解了当地如何以特色水果产业的田园综合体为载体,因地制宜地推动当地的脱贫致富,也更能了解到国家帮扶政策在农村的具体实施情况,感受到农村地区脱贫致富的发展变化。

二、调查的内容与方法

(一)调查内容

在本次社会实践调查中,笔者以"农庄经济的发展"为主题,深入探究荆州市滩桥镇"一米农庄",探寻田园综合体发展模式与乡村振兴的相伴关系。并且通过对农庄发展模式的深入分析,总结了农庄的成功经验,发现了"一米农庄"发展的潜在问题,提出了一系列有针对性的建议。

---

① 黎梓豪为华中科技大学社会学专业 2020 级本科生。

（二）调查方法

问卷调查法、访谈法等。

三、调查的结果与分析

（一）基本状况

1. 资金来源

"一米农庄"为湖北一米生态农业发展有限公司所经营的农庄，该公司成立于 2014 年，注册资金 1000 万元。早期投资主要为城市中的商人，随着农庄发展，公司向荆州城区发行公司股票，从而为公司募集资金，与此同时，公司也产生了越来越多的小股东。公司有 4 位大股东，共持股 49%，其余小股东则持股 51%。

2. 土地

"一米农庄"现有基地面积 4000 亩，其中金橘基地 1000 亩、四季水果公园 500 亩、绿化苗木基地 500 亩、生态养殖基地 500 亩、草莓园 100 亩。农庄的主体饭店占地为购买的商用土地，其他种植田地为流转土地。

3. 工作人员

"一米农庄"的基层员工主要分为两部分：农田种植员工、农庄饭店员工。农田种植员工主要是雇请当地村庄的农民，到点上下班，公司不提供伙食；农庄饭店员工中，服务员多为当地村庄居民，而厨师则多为外地聘用，公司均提供伙食。基层员工多为本地居民，一方面是农庄过去响应乡村振兴、精准扶贫的号召，政府提供当地贫困户就业补贴，农庄倾向招聘当地居民；另一方面是农庄交通条件较为不便，仅有的一趟班车运营时间为 6:55—19:30，且大致每 50 分钟才路过一趟，出于员工上下班安全考虑，很少招聘外地人。基层员工的平均月工资为 3000 元。"一米农庄"的技术员工多为与外地技术公司合作而招聘的专业人员，通常每年仅工作一两个季度，其工资水平远高于基层员工，平均每月 5 万元。

4. 现有产业

"一米农庄"目前的产业包括果蔬种植、畜牧水产养殖、生态旅游及休闲餐饮，其中尤以果树种植和休闲餐饮最为发达。

（1）果树种植。农庄以种植水果为主,主要包括金橘、桃子、草莓、葡萄等。在这之中,金橘占有主导地位,其种植面积占比超过农庄使用田地面积的 1/3,且种植规模还在不断扩大。此外,主要种植于农庄东北部的桃子,其种植规模也在不断扩大,生产量与销售量逐年攀升。相较于金橘,桃园会吸引更多的游客前来采摘水果,形成特色的生态旅游项目。位于农庄南部的百果园,则主要以水果采摘为特色,在冬末初春时吸引大批城市游客前来旅游。"一米农庄"的水果种植中,超过80%的销售为线上销售,其余多为线下运输至周边城市贩卖,少部分为游客采摘时卖出。农庄为发展种植技术,与长江大学进行合作,共同设立一个院士流动站——位于农庄旁武家庄村的江汉果树研究所,旨在加速打造果树种植"产学研"一体化的发展模式。

（2）休闲餐饮。农庄的主体为木质的休闲餐饮农庄,接待区主要分为三个部分:大厅、会场、包房区。大厅为开放式的餐厅,普通游客和员工多在此就餐;会场多承包大型宴会服务,包括老兵聚会、婚礼、升学宴等,需要消费者预订;包房区由左右两排各十个房间组成,在两排房间中间为养殖鱼类的水池,每个房间内配有麻将机和空调,但包房有最低消费额限制。

农庄目前所有产业的营业额,大约为每年400万元。

5. 未来规划

目前"一米农庄"的发展规划集中在发展新增的服务业上,主要包括两个方向:游乐设施和研学基地。

（1）游乐设施。"一米农庄"计划在农庄主体紧邻的东部区域,增添一批游乐设施,打造一个乡村游乐场,目前大多数的设施场所已经建成,但一些配套设施尚未齐全,正式营业则至少要在一年以后。此外,农庄计划改造其东部一处停车机房为滑翔机库,利用现成的跑道,发展滑翔机游乐项目。但该项目仍在与合作企业磋商,进展快慢仍未可知。

（2）研学基地。"一米农庄"规划将农庄打造为一处研学基地,发展主要面对中小学学生的研学营项目。该项目主打基础农业知识的科普活动与手工教学,同时利用农庄内部将要运营的游乐设施,发展演练、越野等娱乐项目。目前,"一米农庄"已经取得政府对研学基地的支持与相关证书,并准备好学生的宿舍,但内部设施还在完善。

（二）成功经验总结

1. 积聚城区力量

在"一米农庄"的发展过程中,来自荆州城区的力量是不可忽视的。其资金几乎都来自荆州市主城区居民。一方面,"一米农庄"的建立者杨老板不仅带来了资金,而且也为企业发展带来了先进的管理经验,积极与外地企业合作,引入先进的生产技术;另一方面,"一米农庄"众多的市区小股东,不仅提供了更多的发展资金,而且在拓展农庄在城市层面的市场上,发挥了无可替代的作用。凭借小股东在城市中的口口相传,"一米农庄"在短短六年的时间内,在荆州市主城区积累了一定的名气,这也加速了农庄的发展。

2. 紧扣城市需求

"一米农庄"自建立之初,便把主要目标消费人群定位在荆州市主城区,因此积极在荆州市主城区召集小股东,以便增强其在城市中的影响力。与此同时,"一米农庄"大力提高庄园内基础设施的现代化水平,并重金聘请城里厨师来确保农庄菜肴适合城市居民的口味,以此来紧扣城市的需求。在目前城乡二元发展的现状下,城市发展速度更快,居民的消费能力更强,人口更为集中,宣传规模效益更好,抓住城市的需求能更好地推动城乡一体化发展。"一米农庄"只有抓住这一点,才能享受到城市发展的红利,取得更好的发展。

3. 产业规划具有前瞻性

"一米农庄"并不局限于传统产业的发展,一方面,它紧跟电商市场的发展,大力发展线上销售水果,为农产品的销售扩大市场,并根据市场需求及时调整种植结构;另一方面,它大力发展市场潜力最大的服务业,从农家饭店到游乐设施,再到当地少见的滑翔机游乐项目和研学基地的开拓,其服务业项目得到了重视与大力支持,项目各式各样,目标群体广泛,多产业、多项目发展,从而不断提高农庄对市场的适应能力。"一米农庄"始终坚持这些富有前瞻性的规划,最终获得了成功。

(三) 存在的问题

经过实地的调研和分析,笔者发现,"一米农庄"的模式存在以下问题。

1. 农业发展缺乏政府支持

"一米农庄"所处的滩桥镇,在市政府的规划下属于以工业发展为主的荆州开发区。该国家级开发区主体位于主城区之一的沙市区东部,同时兼有江陵县部分村镇,具有一定的行政独立性,因而设有专门的行政机构。然而,该开发区行政机构主要关注工业的开发,对农业发展关注较少,甚至缺乏管理农业发展的相关部门,而江陵县的行政部门由于开发区的规划,对滩桥镇已实质上没有多少管理权。这种情况导致了农庄所处乡镇的行政权力真空,许多问题缺乏相应的行政机关加以解决。与此同时,荆州开发区虽然以工业开发为主,但工业主要分布于紧邻主城区的开发区西部,开发区东部仍主要为农村地区,工业基础薄弱,实质上仍依赖农业发展。开发区不仅致使相关农业政策缺失,而且由于工业的开发导向,对农业发展有所限制,在客观上阻碍了当地农业的发展。

2. 疫情打击下服务业冷淡

由于2020年新冠疫情的影响,全国的服务业遭受重创,"一米农庄"概莫能外。不定期小规模疫情的暴发,为农庄服务业的复苏增加了更多的困难与不确定性。与此同时,农庄服务业的经营具有很强的周期性。例如,在周末和节假日,客人相对多,甚至出现爆满而接待能力不足的情况;而在工作日,则游客寥寥。事实上,农庄每日都需要营业,员工的工资都需要支付,这便造成了农庄庞大的支出。多种原因下,"一米农庄"发展的负担越发沉重。

(四) 对策和建议

荆州市"一米农庄"作为成功的田园综合体发展案例,其存在不仅为当地农村的发展带来了更多的活力与可能,而且是城市发展对乡村地区发展的反哺。城市的资本、人力下乡,带来足够资金、管理经验的同时,也加强了城市与乡村的联系,促使乡村自给自足的经济加速市场化,为乡村经济的发展扩大了需求。由此,乡村的基础设施、就业问题和其他社会项目也获得了更多的发展。

但与此同时,"一米农庄"仍然面临不小的挑战。当地区位规划的矛盾与疫情打击下行业的冷清,使得"一米农庄"的发展存在不稳定性,农庄需要未雨绸缪,才能及时克服困难与适应未来的变化,为此,笔者提出两点建议。

1. 政府合理规划功能区

荆州开发区以发展工业为主,但其辖域内存在大片的农村地区,缺乏工业基础。另外,开发区内缺乏与这些农村地区相对应的行政机构与政策。政府应该做出改变,要么重新规划开发区的范围,将区内农村地区划出,重新完善当地行政机构与当地县、区政策的对接;要么保留这些农村地区,将其作为工业后备区域,并为其制定过渡政策,支持当地非第二产业的发展。

2. 加强品牌建设

"一米农庄"可以围绕优势农产品(如金橘)来加大其在城市地区的宣传力度,可以尝试与宣传公司合作,设计文化产品,加强二次宣传,从而打造农产品专属品牌,增大名气,从而扩大农产品的销售市场。

附件1:对"一米农庄"内职工的访谈提纲

1. 生活方面
(1) 您是本地人吗?
(2) 您在这边生活多久了?
(3) 您的家人在哪?
(4) 您现在生活还习惯吗?
(5) 您平时多久进一次城里?(通车前/通车后)
2. 工作方面
(1) 您在"一米农庄"工作多长时间了?每天工作多久?
(2) 您是怎么来这边工作的?是经人介绍还是怎么来的?
(3) 您工作中最不喜欢的环节是哪一部分?
(4) 您平时什么时候休息?
(5) 您觉得这边工作氛围怎么样?
(6) 您以前的收入是多少?现在呢?
(7) 您在未来工作上有何打算?
3. 工作内容方面
(1) 项目具体内容。
(2) 项目最近的生意情况。

乡村特色旅游业发展模式、问题与对策
——基于安徽省合肥市三河镇的调查

曾舒雯[①]

一、调查背景与目的

2020年12月,习近平总书记在中央农村工作会议上指出:党的十八大以来,我们坚持把解决好"三农"问题作为全党工作的重中之重,……启动实施乡村振兴战略,推动农业农村取得历史性成就、发生历史性变革。中共中央、国务院先后发布的《中共中央 国务院关于实施乡村振兴战略的意见》《国家乡村振兴战略规划(2018—2022年)》等一系列政策文件,给乡村振兴战略的具体落实提供了政策指导。实施乡村振兴战略,是构建现代化经济体系的重要基础,是推进乡村经济繁荣发展的必然选择,是建设美丽中国的有效举措。2020年农业农村部印发的《全国乡村产业发展规划(2020—2025年)》提出,应坚持市场导向,遵循立农为农、融合发展、绿色引领、创新驱动的原则,创新乡村产业形态,激发乡村产业活力。

笔者前往安徽省合肥市肥西县三河镇,通过问卷调查法、访谈法等多种形式,了解了当地在党的领导下立足历史文化大力发展旅游业及特色产业的实际情况,并利用笔者所学专业技能发现实际发展情况中的不足之处,发挥自身作为青年学生的胆识与气魄而积极提出解决方案,从而加深了对当代乡村特色发展道路的认知,在巩固脱贫成果、全面建设社会主义现代化国家的伟大征程中贡献出自己的力量。

二、调查的内容与方法

(一)调查内容

本次社会实践调查以肥西县三河镇旅游业发展状况为主要内容,分别给游

[①] 曾舒雯为华中科技大学公共事业管理专业2020级本科生。

客和当地居民发放问卷,从两个不同的视角调研三河镇的旅游业发展现状和存在的问题,并提出相应的对策和建议。

(二) 调查方法

问卷调查法、访谈法等。

三、调查的结果与分析

(一) 基本状况

肥西县三河镇持续推进"四好农村路"建设,将其与美丽乡村建设相结合,并抓好农村道路建设和管理工作,改善群众出行条件,进一步畅通农村道路"微循环"。三河镇农村公路建管工作在镇党委、政府的坚强领导和肥西县交通局的关心指导下,紧紧围绕农村公路实现"通、平、美、绿、安"的养护工作目标,明确工作职责,强化服务意识,完善各项规章制度,提高工作效率,全面打通三河镇农村致富的"毛细血管"。

三河镇积极策应区生态旅游发展战略,积极挖掘各类旅游资源,抓紧高标准编制全域旅游发展总体规划,统筹推进全域旅游建设。依托食用菌产业优势和品牌优势,全力打造紫山食用菌硅谷产业园双孢菇种植、采摘、科普等功能区,着力将其建成休闲旅游农业示范园。按照建设乡村全域旅游的思路,对龙禹生态园进行规划、升级改造,发展农产品"采摘游",提升接待水平。加快推进五里牌美丽乡村改造步伐和大闸蟹基地建设,发展渔业科普和生态观光园区,着力打造洪三公路沿线农旅结合示范区。积极拓宽市场,带动土鸡、大棚蔬菜等特色产品生产,实现农旅融合发展,着力提升群众幸福指数。

(二) 调查数据分析

1. 基于游客调查问卷的数据分析

1) 游客构成情况

(1) 被调查的游客中女性略高于男性,游客大部分来自省内,主要出行方式为自驾。

(2) 18~25 岁的游客比例为 39%,占比最大;26~35 岁的游客比例为 31%,占比第二;36~60 岁的游客比例为 20%;这三个年龄段的游客总体来说在人数上较为均衡。而 18 岁以下、60 岁以上的游客合计只占总游客人数的 10%,与其他三个年龄段相比悬殊。

(3) 70%到三河镇的游客选择与亲人朋友一同来访,独自旅行的游客仅占受访者的9%。由此可以看出,三河镇的游客群体主要以亲友休闲观光为主,其对独自前来的旅行者吸引力不大。

(4) 游客了解到三河镇的主要宣传渠道为电视报道,这部分游客约占受访者的30%;旅游公众号推文和官媒文章为其次,分别约占25%和22%。

2) 游客对各项指标满意度

(1) 总体满意率为70%。

(2) 具体细项满意度由高到低为外部交通满意度、室外环境建设满意度和卫生满意度,其中对卫生表示满意及以上的游客占总受访人数的76%。

3) 游客认为阻碍三河镇发展的因素

主要因素为特色不够突出,约占总数的35%;其次分别为宣传不足(20%)和交通不便(18%)。

4) 调查结论

从调查的结果可以看出:

(1) 三河镇作为旅游地,主要吸引的游客为本省在周末等较短节假日亲友结伴自驾休闲出行的青年和中年,而对于从外地乘车来到安徽且没有亲友陪伴出行的游客来说吸引力较小。

(2) 三河镇旅游业的宣传渠道以传统媒体为主,主要依靠政府方面的推送,缺乏在民间广泛传播的知名度。

(3) 到达景区的交通方式较为受限,许多游客表示乘火车到达肥西县后缺乏接驳车辆,难以直接到达三河镇;游客来此的方式多以自驾为主。

(4) 景区环境卫生建设较差,并且缺乏明确的规章制度,主要依靠零散环卫工人进行整个景区的清理。

(5) 景点定位不明确,同质化严重,影响游客对景区的评价与观感。

2. 基于居民调查问卷的数据分析

1) 受访者构成情况

(1) 约有75%为女性,25%为男性。

(2) 年龄集中在30~60岁,占比60%以上。

(3) 家中人口数3人及以上占60%以上;独居人口仅有3%。

(4) 学历主要集中在初中,占比约32%;其次为高中,占比约25%。

(5) 家庭年收入主要分布在5万~8万元区间的,约占总人数的1/3;其次是2万~5万元区间的,也约占总数的1/3;7%的人没有填写收入信息;年收入12万元以上的人仅占4%。最低收入与最高收入悬殊。

(6) 受访者绝大部分以商铺从业者的身份参与三河镇旅游业的发展,仅有合计16%的人是工作人员和其他旅游业从业者。

2）受访者对政府政策的态度

（1）大部分的受访者表示对政府的政策知道一部分，有将近1/3的受访者表示完全不了解，只有7%的受访者认为自己非常了解并能举例说明。

（2）约46%的受访者认为政府的政策"落实了一部分"，约20%的受访者表示"不清楚"，约18%的人表示"完全落实"和约2%的人表示"完全没有落实"，以及约14%的人表示"落实了但效果不理想"。这说明对旅游业中的实业参与者而言，政府的政策虽然出台并推行了，但他们很难从中获得参与感。

3）受访者认为旅游业对生活的影响以及对未来发展的预期

（1）稍少于一半的受访者认为旅游业发展给生活带来的影响是积极的，约20%的人表示差不多，有14%的人表示有消极部分但总体上是积极的，约17%的人认为更多是消极的。

（2）超过一半的人对三河镇旅游业发展持乐观态度，约40%的人表示不知道或者中立，只有3%的人对其发展抱有悲观态度。

4）受访者认为阻碍三河镇发展的因素

主要因素为"特色不够突出"，约占总数的35%；其次分别为"宣传不足"（20%）、"交通不便"（18%）；"其他"占2%（包括认为没有需要改善的）。

（三）存在的问题

经过对数据的分析，笔者发现，三河镇旅游业发展目前存在以下问题。

1. 宣传不足

从数据和访谈中，笔者得知，三河旅游景区的宣传主要依赖于传统媒体，如报纸、广播电视的报道，对网络、短视频这种新媒体的利用却非常欠缺。这样造成的后果就是，三河旅游景区在本地、本省有一定的知名度，但在全国范围内，其知名度较小，所以来三河镇旅游的大部分都是本省游客（自驾游），外省来的游客非常少。笔者查阅了包括三河旅游网在内的多个相关网站和公众号，发现三河镇虽然建立了这些平台，却没有做好维护工作。网站和公众号没有更新，导致即使有人浏览到相关页面，也会因为上面信息过时和失效而失去兴趣，从而失去了宣传效果。因此，在新媒体时代，三河镇也应当跟上时代的潮流，规划好、落实好新老媒体的宣传工作，用更年轻、更鲜活的方式让三河古镇走出安徽，走向全国各地。

2. 特色不够突出，自身定位模糊

三河镇作为特色小镇，其建设和发展应当围绕一个核心特色来开展。作为

南北方的地理交界处、文化融合的代表和古战场的遗迹,三河镇的核心优势和特色应当是它的历史文化遗产。但来此之后,笔者很难感受到浓郁的文化气息,相反,三河镇过度的商业化导致它的古典特色不够突出。而商业化的产品,如米饺、酥鸭却又存在质量不佳和过度泛滥的情况。相对有特色和竞争优势的三河米酒,则显得稀缺。另外,三河旅游产品的售卖主要以个体商户为主体,缺乏有知名度和品牌效益的大企业来带动产品的销售和当地经济的发展。同时,集体商户呈现分散经营的状态,没能联合成一个整体,不利于实现资源的优化配置。

3. 缺乏配套设施和服务,人才不足

作为旅游小镇,三河镇在交通、住宿等基础设施方面存在明显的不足。景区内最高级的酒店是一家开了很久的四星级酒店,除此之外都是快捷酒店和民宿。由于三河镇位于肥西县,离城市较远,交通不便,且自身旅游景点单一,没有开发配套景点,所以三河镇相对孤立。同时,三河镇内部卫生条件较差,商户营业缺乏规划,地面清洁不及时,这些都对其自然人文景观造成了一定破坏,也不利于提高游客的满意度。

从笔者的探访中能够很明显地感觉到,三河镇的大部分居民都没有接受过高等教育,很多都是他们的子女外出务工,自己留守经营。另外,现有的人员中很多都需要从事行政事务,没有过多精力去建设小镇。在传统的经营模式逐渐失灵的情况下,引进专业人才,培养新的发展模式成了当务之急。

4. 规划建设主体单一,过分依赖政府开发

在三河镇的建设中,一直是以政府规划开发为主体,没能引入市场和社会团体,也缺乏招商引资的项目。在这种情况下,政府很有可能过度干预小镇的发展,同时,单纯依赖行政措施也会造成资源配置的低效,一旦政府资金跟不上,就会导致景区规划建设停滞,不利于小镇的可持续发展。

5. 旅游产品和市场开发力度不够

三河景区和其他景点相比,旅游产品单一、种类简单。以三河美食为例,知名的美食三河米饺的做法独特,但其售卖主要通过餐馆或者摊贩的摊点,那里的米饺制作相对粗糙,口感也没有那么好,更可惜的是,当地人没有对它进行进一步的开发和宣传。很多游客表示,来三河大多是走马观花式地看一遍,不会在这里留宿,这是因为缺乏娱乐活动,留不住游客。目前,三河镇的旅游项目没有形成规模化和产业链,不能发挥出当地的特色和优势,没有得到较好发展。

（四）对策和建议

1. 利用好新兴媒体工具进行宣传

在信息技术迅速发展的当下，仅仅利用电视、报纸等传统宣传渠道已经无法满足现在游客的需求。而如何利用好抖音、快手等短视频平台，甚至是游客们的网上空间、朋友圈等宣传渠道，一直是景区获取更广泛游客来源所需要攻克的重大难题。

经过调查，笔者发现，很多店铺反映虽然往年也会有很多人来这里拍短视频，但这些短视频的效果并没有那么明显，究其原因，可能与这些视频发布者的知名度、视频本身的质量，以及发布者的"粉丝"群体相关。

因此，笔者建议，在宣传方面，三河镇政府应该邀请在某一区域较为知名的创作者进行视频的拍摄，一个好的视频往往胜过千言万语。如果预算不够，可以在游客较为集中的地方举办"朋友圈"宣传大赛，评选出最优秀的宣传成果进行颁奖，这样可以大大提升游客进行宣传的积极性。

2. 明确自身定位，提升核心竞争力

经过调查，笔者发现，许多游客与商家反映的三河镇旅游业发展的主要劣势在于缺少特色，难以在同类型的小镇中脱颖而出。如何明确自己的定位一直是一个景区发展的核心要素，少了这个基本定位，其余都是无根之木、无源之水。

但是，对一个旅游地而言，最难的也恰恰是明确自身定位。由于三河镇里仍生活着大量的本地世代居民，当地政府很难强制性建立一个较为独立的古镇。相较于乌镇那样成熟的商业旅游古镇，三河镇作为一个原封不动保留其原先样貌的景区看上去自然要比乌镇原始很多。

这既是优势，也是劣势。居民的日常生活自然给小镇平添了很多烟火气，容易让游客看到岁月流转中柴米油盐的脉脉温情，但同时也注定会提高对旅游管理的要求，加重一些因逐利行为带来的行业混乱。

因此，笔者建议，正视三河镇这样的现实，并扬长避短，将古镇这种因为有日常生活的烟火气而显得活泼可爱的一面发挥到淋漓尽致，并通过对居民的教育告诉他们短期逐利行为可能带来的长期危害，正确引导旅游行业良性发展。

3. 重视人才培养，激活创新能量

创新是发展的第一驱动力，没有持续的创新与变革也就没有继续推动事物向前发展的动力。三河镇旅游业的持续发展同样也离不开人才与创新。

然而现状是,大部分的年轻人在出去上学之后并不会返回三河镇,留在三河镇经营店铺的大多是30~50岁的,且文化程度很少超过高中。

因此,为了实现三河镇旅游业长期稳定的发展,三河镇政府应大力推进人才计划。不仅要吸引有志青年来到三河,更要吸引他们留在三河。此外,在基础教育方面,政府也应出台相应政策尽力提供更好的教育质量,提升教师的整体素质。

4. 激励多方参与,共建美好三河

扶贫不是一家的事,而是千万家的事;发展旅游业不仅是政府需要进行投资的事,更是居民、游客、社会共同参与的事。

据调查,三河镇旅游业的发展主要来源于中央的政策支持以及当地政府的推动,而作为实际运营主体的当地居民往往对其抱有不上心的态度,只有极少数人自信地说自己对政府出台的相应政策十分了解。深入访谈后笔者认识到,对三河镇旅游业的发展预期往往与自身收入有着直接的正相关关系,大部分认为自己并没有因此获得理想中的利益的居民们抱有一种得过且过的心态。至于游客,则更是抱着"到此一游"的心态,而不会向亲人和朋友们推荐。

对此,笔者建议政府积极与百姓沟通,调动主体经营者投身旅游业、提供更好服务的热情。而游客朋友,面对热情的服务与舒心的旅途,自然更愿意给出好评。此外,最重要的是提高三河镇作为旅游景点的知名度,以及树立良好口碑。让游客们愿意来,来了玩得开心,还愿意向他人推荐,甚至可以向他人"炫耀"来过这里。

5. 规范旅游市场,深度挖掘特色产品

无规矩不成方圆,无论是城市规划还是景区发展,都首先应建立一个良好的管理制度和运行制度。无论一开始的具体实施所受到的阻力有多么大,为了实现良好的可持续发展,只要确认是为了人民群众好的制度,就应该坚持推行下去。

笔者的实地考察经验表明,三河镇虽然看上去好像有了一个比较完善的制度法规,但实际运行的时候出现了较大的背离状况。究其原因,还是因为政府与民众的沟通不畅以及人们的逐利倾向。

为了使三河镇保持一个良好的旅游环境,政府不仅要出台关于各项细则的规定,还要跟老百姓们讲清楚每一条规定的用意。执行规章制度的时候要严格,在跟老百姓们解说细则时可以采取接地气的方式,说到百姓的心坎里去。

此外,特色产品也是发展旅游时着重考虑的,选择并推广合适的旅游产品,或者规划好各种产品的相应分区,不仅有利于增加收入来源,还有利于加深游

客对景区的整体印象,最终影响到整个景区的口碑。

因此,政府需要说服商铺经营者,共同为更为持久且意义更为重大的利益考虑,让真正有特色、有创意的旅游产品能够在三河镇的大地上生根发芽。

附件1:关于三河旅游业的居民调查问卷

您好:

我们是××大学的学生。我们组织这次三河旅游业的问卷调查,目的是了解现在三河旅游业的发展状况及其对当地经济发展的作用,对您生活产生的影响。我们希望能够了解您关于旅游业发展的意见和心声,从而助力三河旅游业的发展。

填写本表是不记名的,真诚地希望您能如实填写。

谢谢您这次的真诚合作!

1. 您的性别:
□男　　□女
2. 您的年龄:
□15～30岁　□31～60岁　□61岁以上
3. 您正在攻读或已获得的最高学历:
□小学　□初中　□高中　□中专　□大专　□大学及以上
4. 您的家庭成员数量:
□独居　□2～3　□3以上
5. 您的家庭年收入:
□2万元及以下　□2万～5万元　□5万～8万元　□8万～12万元
□12万元以上
6. 您以何种方式参与三河镇旅游业的发展:
□景区工作人员(例:售票员、清洁工等)
□景区商铺从业者(包括但不限于餐饮、零售、特色工艺品出售)
□其他服务业从业者:＿＿＿＿＿＿＿＿＿＿
7. 您是否了解三河镇政府助力旅游业发展的政策?
□完全不了解　□知道一部分　□非常了解并能举例说明
8. 您认为这些政策的实施情况如何?
□完全落实　□落实了但效果不理想　□落实了一部分　□完全没有落实　□不清楚
9. 您认为近年来(2016年至今)三河镇游客人数是否呈增长趋势?

☐明显增长 ☐差不多 ☐有所下降
10. 旅游业发展对您生活产生的影响是：
☐积极的 ☐消极的 ☐有消极的,但总体上来说是积极的
☐有积极的,但总体上来说是消极的 ☐差不多
11. 旅游业发展对您生活产生的积极影响是哪些方面？
☐收入 ☐交通 ☐生活环境 ☐教育 ☐心理
☐其他：_____
12. 旅游业发展对您生活产生的消极影响是指哪些方面？
☐收入 ☐交通 ☐生活环境 ☐教育 ☐心理
☐其他：_____
13. 您认为目前阻碍三河镇旅游业发展的因素有：
☐宣传不足 ☐政策力度不够 ☐特色不够突出 ☐产业不够多样化
☐交通不便 ☐配套设施不够完善 ☐治安状况不好
☐其他：_____
14. 您认为三河镇吸引游客前来的核心优势是：
☐历史文化 ☐特色建筑 ☐名人故居 ☐特色产品 ☐自然环境
☐荣誉称号
15. 您了解到三河古镇曾经使用过哪些渠道进行旅游宣传？
☐电视报道 ☐官媒文章 ☐旅游公众号推文
☐短视频平台(如抖音、快手等)
☐其他：_____
16. 您对三河古镇未来发展的预期是：
☐乐观 ☐悲观 ☐中立 ☐不知道
17. 您对三河古镇发展的意见或建议：
_____

附件2：关于三河旅游业的游客调查问卷

尊敬的游客朋友：

您好！我们是××大学的学生。为了了解您对三河镇旅游业发展的实际感受，更好地为您及各界朋友提供优质服务，进一步改善三河镇旅游业运营状况，希望能占用您几分钟的时间来帮助我们完成这份问卷。

本问卷采取不记名方式填写，完全不对外公开，敬请放心。您只需要在符合您情况的选项前的方框内打"√"或直接填写答案即可。感谢您对我们工作的支持！

1. 您是不是安徽本省游客？
□是　　　　　□不是
2. 您的年龄：
□18岁以下　□18～25岁　□26～35岁　□36～60岁　□60岁以上
3. 您了解我们景区的途径是：
A. 媒体途径：□报纸　□杂志　□网络　□广播　□车体广告
□景区派发的宣传品
B. 其他途径：□旅行社组织　□单位组织　□朋友推荐
4. 您和谁一起来旅游？
□独自旅游　□亲人　□同事、朋友　□其他：_____
5. 您来此旅游的交通工具是：
□自驾　□公交　□火车　□旅游大巴　□其他：_____
6. 您对景区的外部交通满意度如何？
□很满意　□满意　□一般　□不满意
7. 您对景区室外环境满意度如何？
□很满意　□满意　□一般　□不满意
8. 您对景区卫生满意度如何？
□很满意　□满意　□一般　□不满意
9. 您认为景区有哪些地方需要改善？
□基础设施　□服务水平　□交通方式　□产品种类
□其他：_____
10. 您对景区的整体评价如何？
□非常满意　　□满意　　□一般　　□不满意

第三部分 社会建设专题

乡村治理的现状与优化路径
——以江西省九江市都昌县大沙镇为例

沈圣德[①]

一、调查背景与目的

党的十九大报告提出了"实施乡村振兴战略",以及"产业兴旺、生态宜居、乡风文明、治理有效、生活富裕"的总体要求。党的二十大报告再次对推进乡村振兴作出了深刻论述和全面部署。现在,在乡村经济已得到适当发展的前提下,乡村治理便显得尤为重要。乡村治理是国家治理能力和治理体系现代化的基石和重要内容,治理效果的好坏直接关系到乡村的发展是否长远,而当前乡村治理是乡村振兴的弱项,是促进农村经济社会全面发展的最大短板。

此次社会实践,笔者通过调查乡村治理的成果,了解农村现代化治理的水平;通过探究乡村治理的困难,了解乡村治理所面临的挑战;通过与村民的交流,了解他们在乡村治理过程中所获得的幸福感。此次实践为笔者提供了与社会的接触机会,培养了社会责任感与使命感,为将来认识社会、融入社会和改造社会做好准备。

二、调查的内容与方法

（一）调查内容

在本次社会实践的调查过程中,笔者以"乡村治理实践"为主题,通过实地调研和访谈,主要对以下方面进行了调查:在大多数青壮年外出务工的情况下,如何面对土地渐渐荒芜的情况;在较为封闭的乡村,如何加强乡村与外界的联系;在村民有着充裕的空闲时间的情况下,如何改善他们的休闲娱乐方式;面对农村房屋老旧、损坏的情况,如何改善村民的居住条件;在大力推动文明乡村建

---

① 沈圣德为华中科技大学机械科学与工程专业2020级本科生。

设的背景下,如何打造文明乡村。通过对调研结果的分析,笔者发现了当地乡村治理中存在的一些问题,提出了相应的建议。

(二) 调查方法

实地调研法、访谈法。

三、调查的结果与分析

(一) 主要做法和成效

1. 土地承包管理

大沙镇路口村农业生产模式以前多为家庭承包制,即每个人都耕种自己家的土地。而该村,由于大量年轻劳动力外出务工,家庭中大多是老人在家,生产工具落后,生产力低下,不能充分发挥土地的生产能力。而且,随着有些家庭收入的逐年增加,年轻人不再愿意让家中老人耕种大量的土地,这使得大片的土地无人耕种,土地荒芜、杂草丛生。

面对土地资源的浪费,村委会鼓励人们将土地承包给外来人员,进行集中化生产、产业化生产、机械化生产。由于承包人集中化承包了大量土地,减轻了农民的负担,并极大解放了土地的生产力。有时,承包人还会雇请当地农民进行生产活动,农民不仅能拿到工资和土地的租金,还解决了农民收益取决于天气的老大难问题,农民收益远比家庭承包高,农村的老年人也因此赢得了更多的空闲时间。现在路口村的许多土地都被外来人员承包,用于种植水稻、莲藕等经济作物。

2. 改善交通条件

2018年以前,路口村的许多地方没有修建水泥路,只有一些人流量大的地方修建了公路,但是由于年久失修,公路损坏情况较为严重。每逢下雨,村民们走路十分不方便,身上经常会被溅到泥巴,往往要换上雨靴出门。为解决村民出行困难的问题,促进村民与外界的联系,村委会决定兴修公路,对于人流量大的区域,实行公路的重修与维护;对于人流量小的区域,将公路修建到每户村民的家门口,真正实现村庄各户村民的互联互通,极大地改善了村庄的交通条件。

现在,村民与外界的联系明显加强,村民骑电动车去商业街拿快递以及去超市买菜的频率更高了;学生在假期去学校打篮球的次数也更多了;村民去县城采购与游玩的频率更高了。总之,交通条件的改善,为村民带来了极大的便利。

3. 提倡健康的休闲娱乐方式

随着农村经济的发展、土地的承包,村民的空闲时间越来越多,他们的娱乐方式又成了村委会的关注点。这次走访调查发现,许多村民喜欢打纸牌、打麻将,这些娱乐方式本没有错,但他们打纸牌、打麻将的时候还赌钱,虽然数额不大,但是这种娱乐方式,实在是不值得提倡。以前这种"小赌"的娱乐方式仅在中老年人群中盛行,而现在孩子们受到他们的影响,有时也会用过年的压岁钱进行"小赌",这严重影响了村庄的风气,也不利于培养和睦的村民关系。

为此,村委会成立检查小组,不定期地走访村庄,查看有无此类"小赌"的情况,一旦发现此类情况,先进行警告,如果身上携带金额超过200元,交予公安局进行拘留。在村委会严厉的管理下,"小赌"之风得到抑制。此外,每到新年来临之际,村庄都会举行新年晚会,邀请村民进行唱歌、跳舞、说唱、鼓书等多种形式的表演,以充实村民的闲暇时光。

4. 促进房屋改造

受住房占地、经济条件、不舍得拆除老旧房屋等诸多因素的影响,路口村还残留着许多青砖瓦房,这些房屋大多年久失修,房屋的安全性没有保障。这些残留的房屋影响村民的安全,也影响着村庄的容貌,还占用了土地资源。

为解决上述问题,村委会决定实施房屋改造方案。先对村庄内所有房屋进行房屋安全等级评定,然后强烈要求对安全等级不达标的房屋进行拆除处理,严令禁止住房占地的行为。虽然这项工作在推进时遇到了很大的阻力(许多村民不希望拆除自己家的老房屋),但方案最终得到了实施。随着乡村经济的发展,许多年轻人在外工作挣了不少钱,借此机会,村内新建了许多小洋楼,村庄的容貌也焕然一新。

5. 推动文明乡村的建设

以前,路口村的家庭垃圾都是集中倒在一个地方,再进行焚烧处理,极大污染了土地与空气。现在,在乡村的每个聚集区都配置了相应数量的垃圾桶,由垃圾车定期装运。虽然没有进行垃圾分类后再回收,但比之前集中堆放再焚烧的方式好多了。

由于乡村民众的素质相对来说不是很高,随地吐痰、随地丢垃圾的情况并不少见,为此,村委会加强管理,禁止随地吐痰、随地丢垃圾等不文明行为。此外,为处理公共区域的垃圾与杂草,村委会雇请了村民定期打扫公共卫生。

虽然村庄大量的土地承包给外来人员,但村民还是耕种了一定数量的土地,面对诸多的农作物秸秆,有许多村民选择就地焚烧,这极大地污染了环境。对此,村委会决定禁止在田地里就地焚烧秸秆,违反规定者处以警告和罚款。

以前,农村牲畜的养殖方式多为放养,导致马路上、家门口都有许多牲畜的粪便。而现在,村委会决定将牲畜的养殖方式改为圈养,村民纷纷反映,走路的时候终于不用担心自己的鞋会踩到牲畜的粪便了。

这些举措极大改善了乡村的卫生环境,推动了文明乡村的建设。

(二)结论和建议

路口村的乡村治理成果显著,人民群众的幸福感普遍升高,但在实践中还是发现了不少问题。笔者希望为乡村治理贡献自己的力量,为村委会提供以下建议。

1. 重视基层社会自治,发挥群众参与的基础作用

在实践过程中笔者发现,村委会不能充分发挥群众参与的作用,村委会的工作人员一般以群众会的方式来商讨治理方案,以采纳村民的意见。然而,在实际治理过程中,村民的参与度不高,大多处于"上面呼、下面无人应"的状态。

乡村治理应该加强和改进乡村建设,提升村民自治水平,扩大群众参与范围和途径,丰富自治内容和形式,努力实现民事民议、民事民办、民事民管,实现村委会和村民的良性互动。

2. 改善村委会工作人员的作风

通过实践,村民们普遍反映,现在村委会的工作人员走访的次数比较少,和村民直接面对面交流的机会更少,这无形中拉远了村委会与村民的距离。

在乡村治理过程中,村委会工作人员还是要和村民直接面对面交流,了解他们的情况,以便实施相应的对策,达到更好的治理效果。村委会的工作人员可以通过走访、闲谈等多种方式加强与村民的联系,以解决村民关心的问题。

3. 加强教育培训,提高村委会成员素质

村委会工作难开展,除了客观因素外,跟某些村委会成员素质水平不高也有很大关系。一些村委会成员思想观念、知识水平与时代发展不适应,发展经济和做群众工作的实际本领与现实工作要求不适应,这些越来越成为制约乡村治理的重要因素。

因此,提高村干部队伍整体素质就成为搞好工作的首要之举。我们要结合实际,采用多种形式,有计划、有步骤、有重点地对村干部进行社会主义基本理论、政策法规、管理、现代科技、农业实用技术等知识的培训,提高村干部的依法

施政水平,增强他们做群众工作的本领。

对于上级政府来说,安排工作时要结合实际情况,减轻村委会的负担。面对各种各样的收费、检查、会议和各种活动,村干部忙于应对,疲于奔波,时间和精力都浪费到一些琐事上,既劳民伤财,又引起村民反感。作为上级部门,要改进工作方法,为村委会减负,不提不切实际的要求,不搞硬性摊派,杜绝形式主义,少给下面找麻烦、添乱子。特别是在下达某些指标上,要因村、因地、因时制宜,变指令性指标为指导性指标,为村委会创造一个宽松和谐的工作环境,使其把更多的时间和精力用在为村民办实事、谋发展上。

乡村振兴背景下村庄建设调查

——以湖南省汨罗市西长村"危房改造"为例

秦文静　唐永桂[①]

一、调查背景与目的

习近平总书记反复强调,"脱贫攻坚的标准,就是稳定实现贫困人口'两不愁三保障'","住房安全有保障主要是让贫困人口不住危房"。住房和城乡建设部党组高度重视住房安全有保障工作,把这项工作作为践行"两个维护"的具体行动,抓铁有痕、强力推进,以钉钉子精神,持之以恒抓落实,以贫困人口住房安全有保障的实际成效彰显初心和使命。

本次调查旨在从农村住房的变化入手,细致入微地了解脱贫攻坚在农房建设上的工作进度和成效,进而对国家为打赢脱贫攻坚战、实现全面建成小康社会所付出的努力和汗水有更深入的认识和更深刻的体会。

二、调查的内容与方法

(一) 调查内容

笔者以"农村危房改造"为主题,前往湖南省汨罗市西长村进行实地的观察和调研,报告内容将从整治前、整治中、整治后三个角度,完整展现西长村村容村貌改善的全过程,从而凸显其效果之显著。以此为例,分析农村的房屋建设情况和管理情况,指出农村建房的问题,并提出相应的意见和建议。

(二) 调查方法

观察调查法、访谈法。

---

① 秦文静、唐永桂均为华中科技大学汉语言文学专业2020级本科生。

三、调查的结果与分析

（一）基本状况

西长村位于汨罗市白水镇西部,距离汨罗市区20公里。该村交通便捷,区位条件优越,对于扶贫工作来说具有天然优势。据扶贫干部介绍,2015年,该村入围住房与城乡建设部公布的第二批建设宜居小镇、宜居村庄示范名单,之后几年内更是获得了多项荣誉,是我国脱贫攻坚的一个成功典范。该村采取"政府主导、市场运作、能人参与"的模式,积极推进乡村建设,成效显著。

近年来,该村深入整治、改善村容村貌的工作颇具成效。据扶贫干部介绍,该村改造房屋的面积已超过15000平方米,并切实完善了污水处理等项目,大大提升了居民的生活水平。

（二）调查的结果与分析

1. 西长村农房整理情况

1) 整治前的遗留

该村大部分建筑都进行了较大程度的改善,整治前的房屋所留不多,但依旧在部分角落可以找到未能精修的老式房屋,甚至有一栋早先遗存的危房。

所留房屋中,20世纪90年代建造的房屋居多。从整体构造上看,为单层或两层独栋房屋。屋顶小部分为棚顶,大多为红瓦顶,瓦片有所脱落,屋顶缝隙处生有杂草,部分甚至出现凹陷迹象;墙体为砖墙,较薄,部分房屋砖块已有所裸露,外表涂层已出现不同程度的脱落;房门门框稍窄,材质多为木质,部分仍在使用的房屋已经改装(加装)了防盗门和推拉门等新式房门;窗户为简易的木框玻璃窗,窗口较多,窗体较小,部分房屋的窗玻璃出现了一定程度的破损;整体装饰较为简单,颜色以米黄色、白色、浅棕色、淡灰色等易与自然环境和谐交融的浅色为主,有部分简易的图案零星点缀,窗体也留存着样式简单的传统雕花;各房间内部面积较小,通风通光性能较差,装修较为简单;仍有人居住的房屋已实现通电通水,但电力供应不足(或灯泡性能差也未可知),致使房间内较暗;布局上房屋之间并没有太明显的聚集,较为分散。根据当地居民所言,这部分房屋已经在进行拆迁,很快又要重盖新房。我们甚至被带领着看到了一栋拆了一半的房屋,而另一半已经搭起新房的框架。

另外,调查时我们团队小组发现了一栋无人居住的危房,由于年久失修,该小屋已用围栏层层包围,无法进入内部深入考察。从外观上看,为单层独栋房屋,已经出现了一定程度的倾斜和缺损。屋顶为青瓦顶,瓦片脱落较为严重,屋顶长有杂草;墙体为红砖墙,外表没有涂层,墙体已有严重毁损,不再完整,砖色也褪去大半,色泽较浅;未看见屋门,窗户处只剩窗洞,窗口很小,在墙体中间,不见玻璃、窗框等。另外,房屋两侧有些许较粗的木棍,推测是用作支撑的。房屋周边已长满杂草甚至灌木,且该小屋与村庄内道路不相连,通往该房屋的只有一条泥泞小路,由此判断,该小屋已有较长时间无人居住,房主可能早已搬离,推测建造时间应不晚于20世纪80年代。

2)整治中的景象

目前该村大部分房屋处在改造期,对比整治前的遗留房屋,这部分房屋的扩建和改造时间在2000—2019年。和整治前的农房相比,无论是外观还是内部陈设都有了较大的变化。

大部分房屋为两层或多层独栋房屋,整体样式与之前的风格并无太大差别。屋顶已经出现不同样式的搭配——平顶、斜顶交相辉映,青瓦、红瓦各具千秋;墙体相对较厚(但由于当地气候较为湿热,没有保暖需求,所以墙体并未过厚),外部涂层保留完好甚至崭新;房内已改装防盗门和推拉门,窗户数量明显增多,玻璃窗质量有明显改善,甚至色彩各异,具有不同的功能;外部装饰仍以浅色为主,但部分房屋已在屋顶、墙体等处做了大面积的大红、深蓝等鲜艳颜色的尝试,装饰图案也渐渐趋向多元化。

3)整治后的成效

在调查时,我们来到了一个别墅区。别墅区占地面积不大,且仍然在施工过程中。绝大多数房屋都还没有人居住,离大面积居民区距离也较远,且暂时只有一条路通向村庄主体部分。据扶贫干部介绍,这个别墅区还在整修中,以备来日村民安居。

从整体上看,该别墅区的房屋为两层至三层独栋别墅。整体颜色明亮,以米黄色、红棕色为主,色彩对比度高。红顶黄墙,屋顶造型多样而丰富,墙体光滑而平整,欧式风格比较显著;门口设有拱门,住了人的房屋装上了很结实的防盗门;窗洞较大,形状各异,窗口数量较多,分布整齐,大部分还未装玻璃;房屋的分布也相对密集且整齐;住了人的房屋内部房间宽敞明亮,装修很精致,大约可以和很多华丽的欧式别墅相媲美了。前排的房屋都设有宽敞的庭院。整个住宅区的房屋有三到四排,不过由于该住宅区沿着缓坡而建,前排遮挡的问题相对来说并不严重。

从整体上看,西长村在房屋建设上的探索过程十分清晰,虽说并不太彻底,但大部分居民都已搬迁至整治后的房屋中,留存的老式房屋并没有多少人居住。至少对于该村落来说,居民的生活质量得到了大幅度的改善。

2. 农村房屋建设情况

近年来,随着经济发展与乡村振兴的开展,西长村村民的收入不断提高,新建农房数量不断增加,老房只剩零星几栋,村民的居住水平得到了大幅的提升,老房的"身影"逐渐在人们的视野里淡化。西长村的危房问题基本解决了。

通过调查了解,砖混结构(61.06%)、砖木结构(21.03%)和钢筋混凝土结构(14.63%)为湖南省内农房主要结构类型。房屋结构类型基本体现了农村居民生活需求、地域经济发展状况、地域地形气候特点。2000年以前原有农宅,木结构、砖木结构占比较大;2000年以后新建农宅,砖混结构、钢筋混凝土结构占比较大。

西长村房屋建筑不高(大多农房高度为三层,满足农民的居住要求)、地质情况不复杂(汨罗市西长村靠近洞庭湖,地势平坦),不需要满足高承载能力和复杂空间的结构类型,并考虑到控制建设成本,因此砖混结构、砖木结构占比较大。近年来西长村居民生活水平整体提升、生活观念改变,农房建设中砖木结构、砖混结构比重减小,钢筋混凝土结构占比逐步增大,建筑新技术(如装配式独立小住宅、绿色建筑技术)也慢慢进入当地农村建筑。

3. 农村建房管理现状

通过实地调查与采访,我们了解到西长村新农房大都在拆除老房之后,在原地进行盖建。因原先西长村房屋比较分散,故在原宅基地上盖的新房相距都比较分散,加之当地农户具有独居习惯,没有集中建房的意识,集中建房往往会退出原宅基地,部分农户很难接受,这也导致农房建设比较分散。同时了解到西长村房屋建设基本由本地乡镇施工队进行,大都为自建房,每家每户农房风格、样式各有不同。

但随着湖南省对于乡村规划建设许可和农村建房审批制度的推行,我们了解到西长村先前违规自建的农房被拆除,农房侵占耕地的问题已经解决,同时西长村新农房有了一定的整体风格。

4. 文旅产业发展,助力乡村振兴

西长村带给我们的有第一眼的惊艳,还有参观途中的赞叹,以及返回途上的不断回味。通过随行老师的介绍,我们了解到,在脱贫攻坚战中,西长村不仅是湖南省脱贫示范村,而且实现了从飞蛾到蝴蝶的"蝶变"。汨罗市西长村通过采取"政府主导、市场运作、能人参与"相结合的西长模式,大力发展农旅产业,着力推进该村的新农村建设,取得了重大成果。西长村也先后被授予"全国生态文明村""新农村建设示范村""全国美丽乡村""全国生态文化村"的称号。

古人云："穷则变,变则通,通则久。"西长村的蜕变,离不开自身的创新与转变。西长村毗邻洞庭湖,生态环境好,风景优美,同时距离省会城市长沙只有不到 2 小时车程。凭借自身的优越条件,西长村致力于打造"农旅结合、景村共建、民客共赏"的美丽西长村。深入整治,改善村容村貌。完善东彭组、熊家组、茶盘岭组 60 栋基础和结构牢固的居民住房绿化、美化改造工程,改造房屋面积 15800 平方米。为实现"家园即公园"的标准,在道路两旁修建花坛、文化墙、砌体边坡等休闲设施,并种植乔木、灌木、花草等来绿化、美化道路两旁的环境。对村民菜地、围墙都采用环保砖统一堆砌,做到规范、整洁、统一。累计修建路边文化墙 6890 米,实现 95% 以上道路两边绿化和美化。完善污水处理设施,实施雨污分离并集中处理,90% 以上居民房屋修建化粪池。建立有效的垃圾分拣体系,累计购置垃圾分类回收桶 200 个、垃圾袋 1 万个,道路边修建垃圾回收设施 120 个。同时通过"以村引企,以企促村",引进资金达 4600 万元,美化绿化庭院 2 万多平方米,建设小花园、小游园达 8 处。在这里,每一个屋场就是一处风景庭院,每座农房都与周边风景相融。

(三) 存在的问题

1. 村庄建房规划执行难

西长村整体建房风格、样式等有一定的统一,但是依旧存在杂乱的情况。不少村民会在自家农房边圈建围墙,堆放杂物,在一定程度上影响了村容村貌。虽然有政府引导村民建立别墅区,但村民建房大都依据个人喜好,政府干预较少,这也造成农村建房的设计、施工得不到全面的监督。同时,由于较低的报酬和较艰苦的工作生活条件,村镇管理人才匮乏、管理力量薄弱;施工队工人大都未经专业培训,造成了既有农房和新建农房存在风貌无特色、功能不齐备,甚至结构存在一定隐患等诸多问题。

2. 农房的使用问题

一栋栋新农房的建立,是乡村振兴下农民生活环境改善的证明,但它们大都是空房。在调查中我们发现,村中年轻人基本上都外出务工,留在家中的多为老人和孩子,很多新建的农房无人居住,形成农房"空心化",导致农房利用率低。

3. 农房的宅基地问题

村民建房时依然保留着自主、自序的习惯,围绕公路、村边进行,且不断向外扩展,这在一定程度上侵占了耕地。宅基地管理制度的不完善,加上农村亲缘、地缘、血缘因素的影响，使得农村宅基地监管工作变得十分艰难，宅基地建设缺乏相应的监督和约束，这是农房布局无序、混乱的原因。虽然近年来政府出台相应政策，对宅基地使用权进行管制，解决了村民随意占用土地的问题，但是对于农村宅基地中的可持续利用土地的管理机制一直未建立。

（四）对策建议

1. 加强农房与村庄建设管理

建立农村房屋全过程管理制度，规范村庄设计与农房设计、建设、使用的行政程序管理，明确责任主体，做到有人管、有条件管、有办法管。强化规划先行的意识，加强政策上的引导，建立健全乡镇建设管理机制。对农村工匠进行培训，培养农村建造人才，改善农房质量。

2. 加大盘活农房利用率

深入推进农村宅基地三权分置，保护宅基地集体所有权，促使承包权和经营权分离，推进农村空置房流转，提高土地利用率，增加村民收入。农房建造时要尊重乡土风貌和地域特色，注重保护周边环境，打造具有本土特色的村容村貌和生态宜居环境。这不仅有利于提高当地人的生活质量，还能借此优势开展相应产业，例如旅游、养老、休闲农业、田园综合体等，空置的农房也因此提高了利用率。

3. 加强规划，有序引导宅基地整理

在土地利用的总体规划下，逐步完善宅基地管理问题。把宅基地整理和新农村建设连在一起。不断探索宅基地可持续利用的路径，激发其活力。

边疆地区乡村建设状况调查
——以西藏地那村、那仁村和巴林村为例

巴桑石达　次仁玉杰[①]

一、调查背景与目的

为了打赢脱贫攻坚战,确保贫困人口在 2020 年如期脱贫,习近平总书记曾强调扶贫开发"贵在精准,重在精准,成败之举在于精准",在这样的倡导之下,我们国家的扶贫工作取得了极大的成功,人民群众也纷纷走向了脱贫致富之路,但突如其来的新冠疫情使我国的经济发展受到了阻碍。

在疫情下乡村的经济发展受到了不同程度的影响,扶贫工作也变得更加困难。一方面要遵从国家的防疫政策,另一方面也要为如期实现全面建成小康社会而加强扶贫工作,在此情形之下如何做好两者的平衡和协调显得尤为重要。因为疫情初期,多数村子都处于管控状态,村民只能老实待在家里,使得家庭收入来源减少;农产品等特色产品因快递停运而很难销售,乡村资源无法开发,这些都使得农村经济发展受到了不同程度的影响。因此,在这个特殊的历史背景下,调查疫情对扶贫工作的影响很有意义。笔者认为,疫情虽对生产生活与扶贫工作产生了影响,但是我们只要始终坚信办法总比困难多,就一定会战胜疫情,养精蓄锐,蓄势待发,最终战胜贫困,走上致富之路!

二、调查的内容与方法

(一)调查内容

在本次社会实践调查中,笔者以"乡村振兴"为主题开展调研。通过调查农村集体合作社、访问西藏贫困地区的扶贫家庭,对西藏地那村、那仁村和巴林村的扶贫政策与帮扶情况进行了全面的调查;通过深入分析,找出了其政策落实

[①] 巴桑石达、次仁玉杰均为华中科技大学中西医临床医学专业 2020 级本科生。

过程中存在的问题,并提出相应的完善建议。

(二)调查方法

问卷调查法、访谈法。

三、调查的结果与分析

(一)基本状况

西藏自治区部分乡(镇)政府对不同的合作社的帮助力度各不相同,不同地区的合作帮扶政策也有所不同。乡(镇)政府会根据合作社的实际情况进行帮扶,比如根据该合作社的年销售情况、年总收入,以及参加的村民总人数、办理的相关手续等来决定最后的补助金额。

在西藏一些比较偏远的地区扶贫政策更多,而在较为发达的地区扶贫政策较少。通过与当地的扶贫对象的谈话,我们得知这些扶贫政策极大地提升了村民的生活质量,在住房、就业等多个方面都有所体现。

(二)主要政策和成效

笔者通过走访西藏定结县多布扎乡那仁村,了解了贫困家庭的情况和当地扶贫政策落实后村民生活的改善情况,以及他们还需要解决的一些基本问题。

1. 农行扶贫贷款

当地实施农行扶贫贷款,贫困家庭每年可以借5万元贷款,而利息与其他村民相比要少,贫困户每年利息只需交1600元,这就使他们有了本钱去创业,使家庭收入变得多样化。

2. 免交养老保险金

贫困家庭可以自愿选择是否缴纳养老保险金。一种是选择缴纳一定的养老保险金,与其他村民一样,60岁后领取相等的养老保险金;另一种是选择不缴纳养老保险金,但60岁后所领取的养老保险金比其他村民要少一点。

3. 享受优惠医疗保险

当地贫困户还可以享受优惠的医疗保险,具体为缴纳三等保险金而享受一等待遇。优惠医疗保险为贫困村民提供医疗保障,保证他们病有所医。

4. 县乡结对帮扶到户

当地实行县乡结对帮扶到户,如我们走访的加措家所接受的帮扶人为当地县纪委书记巴次,巴次书记在生活上给予了加措家许多帮助,给过他们油锅、大米、高压锅、棉被等生活必需品。

5. 免费职业技能培训

贫困家庭可以去县里相关机构免费参加培训,拓展就业机会,增加收入来源,生活上进一步得到改善。

6. 异地搬迁脱贫政策

贫困户搬迁到县城,政府免费给予房屋及基本家具。但迁入地只有房屋,没有土地,所以主要靠务农和畜牧来维持生活的村民中有部分不愿搬迁,而贫困户由于异地搬迁的脱贫政策无法在本村建房,这给他们造成了较大的困扰。

7. 将贫困户纳入生态岗位

生态岗位要求每年工作不少于 3 次,在年底每人可获 3000 元的工资。这不仅增加了当地居民的收入来源,也使生态环境在一定程度上得到了改善。

(三)调查结果分析

1. 农村集体合作社调查情况

对于乡村合作社来说,在与村支部书记的谈话中,笔者了解到,乡政府对不同合作社的帮扶力度各不同,如表 1 所示。

表 1　政府对合作社的帮扶力度分层表

不同规模的合作社	规模较小的合作社	规模中等的合作社	规模较大的合作社
乡政府的帮扶力度	15 万元左右	50 万元左右	400 万元左右

乡政府会根据合作社的实际情况进行帮扶,比如根据每年该合作社的销售情况、总收入以及参加的村民总人数、办理的相关手续等来决定最后的补助金额。

笔者经过网上的查询和对当地人的访问,了解了西藏各个地区的合作社有着不同的帮扶政策。在某些合作社,乡政府会投入人才和机器,比如日喀则市甲措雄乡收割庄稼的合作社,乡政府在其起步发展时期派发了先进的机器,安排了专业的司机。再比如在西藏的另一个养牛场的合作社里,乡政府直接赠送了 20 多头奶牛,还提供了挤奶工具。最后,笔者得知乡政府的帮扶不仅仅是金钱上的支持,还有其他的方式和途径。

2. 扶贫政策调查情况

在乡村最常见的扶贫对象如表 2 所示。

表 2　在乡村最常见的扶贫对象

扶贫政策类型	主要扶贫金额及扶贫物资	扶贫对象的家庭数目
农行扶贫贷款	比正常贷款利息低	1600 个左右
免缴养老保险金	养老保险金自愿缴纳,不缴纳者在 60 岁后领取的养老保险金比缴纳者少	2 个
享受优惠医疗保险	缴纳三等保险金而享受一等待遇	4 个
将贫困户纳入生态岗位	为贫困户提供工作岗位,并在年终发 3000 元工资	4 个
县乡结对帮扶到户	发放油锅、高压锅、大米等生活必需品	10 个
异地搬迁	国家提供房屋及基本家具。但有些村搬迁后由于地理环境无法进行畜牧或种地,所以存在部分贫困户不愿搬迁的情况	整村齐搬
免费职业培训	可以免费学一项技术并可获得初级资格证	每村每年两人
入股村合作社	政府出钱,让贫困户入股到当地合作社,年终按其发展程度分红	以村为单位

结果分析:调查发现,在西藏一些比较偏远的地区,例如笔者所在小组的成员次仁普赤曾经采访过的西藏日喀则市定结县有较多的扶贫政策,而较发达的甲措雄乡的扶贫政策较少。经过与当地的扶贫对象谈话,笔者得知,这些扶贫政策极大地提升了村民的生活质量。以前睡在帐篷里,现在可以睡在水泥屋里;免费职业培训的扶贫政策帮助当地村民掌握一技之长,使他们的生活有了保障;无息贷款的扶贫政策使村民有了本钱去创业,解决了当下急需资金的问题。采访得知,一些村民因此当上了小老板,一些村民买上了大卡车去客运公司工作并且收入还不错。因此可以说,扶贫政策极大地提高了当地村民的生活质量,从而促进了整个地区的经济发展。

3. 线上问卷调查情况

笔者进行了线上的调查问卷分析,其中参与填写的总人数为62人,学生的占比为95.16%,政府工作人员的占比为4.84%,农民工的占比为0%。男性占比为56.45%,女性占比为43.55%。按居住地性质,城市占比为30.65%,乡镇占比为20.97%,农村占比为48.39%。按对乡村振兴的政策的了解程度,很了解的占比为14.52%,略有耳闻的占比为80.65%,不熟悉及其他的占比为4.84%。各村发展不平衡的最主要原因,37.10%的人认为是交通,53.23%的人认为是发展领域,9.67%的人认为是干群关系。关于是什么原因导致农村相对贫穷的问题(多选题),有66.13%的填写者认为是自然环境较差(比如海拔高,耕地面积较少),79.03%的填写者认为是基础设施较差,35.48%的填写者认为是农村人口较多,供不应求。关于乡村振兴最重要的方面,41.94%的人认为是发展特色农业,38.71%的人认为加强道路的改善,14.52%的人认为是医疗条件的改善,4.84%的人认为是发展乡村旅游。在乡村发展最关心的方面上,40.32%的人认为是农村增收,29.03%的人认为是基础设施完善,22.58%的人认为是公共服务均等化,4.84%的人认为是规划布局一体化,1.61%的人认为是户籍制度改善,1.61%的人认为是其他。

此次调查问卷中,没有当地的农民参与,这多少说明了该地普通村民不会使用智能手机或者文化水平低下,对乡村振兴方面政策的了解较少。不同地区经济发展水平不高的原因不同,但较为突出的是道路修建方面的落后。笔者了解到,乡村发展的最关心的方面是农村增收和基础设施完善,人们最期待的就是提高生活水平和缩小城乡差距。

(四) 存在的问题及其相应的建议

通过此次调查,笔者发现西藏部分贫困地区在乡村振兴发展中仍存在一些不足之处。

1. 农村合作社内部人员管理不规范

笔者发现,当地农村合作社的内部管理不规范,制度设置不规范,很少召开社员大会,长此以往,农村合作社难以做大做强。为了让内部管理做得更好,可以寻求专业人士或者借鉴成功的企业集团的管理经验。

2. 宣传力度不够

如今是信息网络时代,为自己的农村合作社宣传已不是什么困难的事,但是很多农民在对农村合作社的政策理解上有偏差,对农村合作社的性质和运行机制不够了解,有很多疑虑,再加上地区位置偏远且经济不发达,因此,农民的市场意识还不够强。对于很多人来说,合作经营理念等商业知识较为高深,因此合作社的农民对宣传产品做得不够好。为了加大宣传力度,应寻求专业人士来做宣传工作,这样才会有更多的销售途径和消费者,获得更大的效益。

3. 合作社规模不大

因为农民商品经济意识和合作经营理念相对淡薄,农村合作社存在规模小、层次低、带动能力弱等问题。为了让农村合作社的规模变大,政府、财力雄厚的企业或个人可以投资农村合作社或给予帮助。

"双减"背景下义务教育状况调查

叶晓铨[①]

一、调查背景与目的

百年大计,教育为本。人类社会通过教育传递既有知识、培养人才、发现新的知识。可以说,教育是社会不断进步的重要推动力;于国家而言,教育是对中华民族伟大复兴具有决定性意义的事业;于个人而言,教育可以为个人的未来生活做好准备、给个人的未来增添更多可能。随着时代的进步,人们越来越注重教育,并认识到教育对于个人发展的重要性。为深入贯彻党中央指示精神,切实提升学校育人水平,持续规范校外培训(包括线上培训和线下培训),有效减轻义务教育阶段学生过重作业负担和校外培训负担(以下简称"双减")。2021年7月,中共中央办公厅、国务院办公厅印发了《关于进一步减轻义务教育阶段学生作业负担和校外培训负担的意见》(下面简称《意见》)。

笔者旨在通过问卷调查去了解大众对"双减"政策的了解程度,了解在实施"双减"政策后家长情绪的变化,从而对现代教育的现状做出简要分析。

二、调查的内容与方法

(一)调查内容

笔者以"'双减'情况调查"为主题,通过问卷调查和文献调研的方式,深入了解在当前"双减"政策落实的大环境下,学生和家长对教育现状的感受,了解学生和家长对"双减政策"的了解程度,并且以此为依据,对改善教育环境,减轻"内卷"提出了有针对性的建议。

(二)调查方法

问卷调查法、文献调研法。

---

① 叶晓铨为华中科技大学物理学专业2020级本科生。

三、调查的结果与分析

(一) 基本状况

由于在收集数据的过程中发现家长数量远多于学生数量,所以在归类分析时,笔者就将学生与家长的调查数据分开处理,防止数据量的较大差距影响结果准确性;同时,考虑到本身数据量不大,故将不同学历阶段的学生和家长的调查结果都进行了统一处理,以减小潜在的由样本数据量较小而引起的偶然性误差。

在本次调查中,样本总数为 178 人,其中学生 36 人,家长 142 人。学生群体中,受调查的小学生及初中生共有 9 人,高中生 5 人,大学生 22 人;家长群体中,受调查的幼儿园家长共 12 人,小学生家长共 38 人,初中生家长 34 人,高中生家长 33 人,大学生家长 25 人。

(二) 问卷调查数据分析

笔者分析了问卷结果,得到以下六个方面的结论:
(1) 学生压力仍然很大。
(2) 大部分家长对子女升学感到忧虑。
(3) 课外辅导班普遍带来不小的经济负担。
(4) 学生和家长都对学校教育有较高的满意度。
(5) 家长对"双减"政策的了解程度远大于学生。
(6) 目前的课后服务有一定作用,但仍不完善。

得出以上任何结论都需要综合问卷中不止一个问题的作答情况。我们将不同的选项赋以不同的分数,例如,对某一题"十分同意"选项赋 2 分,"同意"选项赋 1 分,"中立"选项赋 0 分,"不同意"选项赋 —1 分,"十分不同意"选项赋 —2 分。对该方面结论涉及全部问题的选项都按相应的权重赋分后,就可以计算出这方面的平均分值,例如,计算出学生压力的综合得分是多少,由此衡量学生压力是大是小。下面分条陈述。

1. 学生压力仍然较大

笔者选取三个问卷问题来衡量学生的压力,得到图 1 所示学生的压力赋分情况。

可见各阶段学生的压力指标都为正数且较大(其中"大学"项受试者描述的是子女读高中时的情形)。

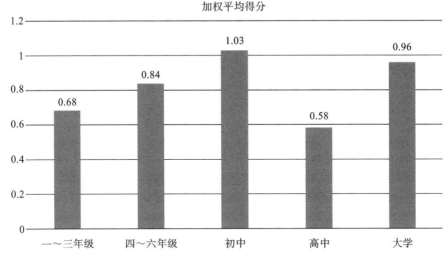

图 1　学生的压力赋分情况图

2. 大部分家长对子女升学感到忧虑

我们从问卷问题"'双减'过后,您担心孩子上不了好的高中吗?"来分析家长对子女升学的忧虑情况。在回答问卷的 83 位子女尚未初中毕业的家长中,有 56 位对此问题的答案是"担心",约占 2/3;27 位对此问题的答案是"不担心",约占 1/3。可见,多数家长对子女的升学持忧虑态度,如表 1 所示。

表 1　家长对子女升学的担心情况

态度	人数/人	占比/(%)
担心	56	67.5
不担心	27	32.5
总计	83	100

3. 课外辅导班普遍带来不小的经济负担

观察收集到的问卷,大部分家庭每学期在课外辅导班上的支出占家庭总收入的 10%~20%(收集到的数据大多是约数,难以精确衡量)。由此可见,课外辅导班对家庭造成了不小的经济负担。

4. 学生和家长都对学校教育有较高的满意度

针对现有学校的教学情况,学生和家长提供了两个不同的视角。因此,在问卷调查中,我们分别调查了学生和家长对学校教育的评价并进行赋分处理。

(1) 学生问卷赋分标准，如表 2 所示。

表 2　学生问卷赋分标准

项目/问题	回答	赋分
老师经常在班上讲解作业题	非常符合	3
	比较符合	2
	不太符合/不清楚	1
	很不符合	0
您觉得老师讲课讲得怎么样？	都讲得很好	3
	大部分老师讲得好	2
	小部分老师讲得好	1
	都讲得不好	0
请问您认为学校内老师教授的知识是否足够完成考试？	完全足够	2
	大部分足够，有没讲到的	1
	大部分都是没讲到的	0
	和考试没什么关系	-1
请问您的老师布置的作业主要内容是什么？	有些提高题	1
	单纯是普通的知识巩固	0

(2) 学生对学校教学的满意程度统计结果，如表 3 所示。

表 3　学生对学校教学的满意程度

分数	人数
5	2
6	1
7	4
8	7
9	7
10	5
11	6
12	4
加权平均分：9.08	

(3) 家长问卷的赋分标准，如表 4 所示。

表 4 家长问卷的赋分标准

问题陈述	回答	赋分
孩子的作业对巩固学习有效	十分同意	4
	同意	3
	中立	2
	不同意	1
	十分不同意	0
学校老师教学很好	十分同意	4
	同意	3
	中立	2
	不同意	1
	十分不同意	0

（4）家长对学校教学的满意程度统计结果，如表 5 所示。

表 5 家长对学校教学的满意程度

分数	人数
2	2
3	7
4	21
5	35
6	55
7	15
8	7
加权平均分:5.46	

从表 2 至表 5 中可以大致发现:大部分学生和家长对于目前的学校教学效果是比较认可的。换句话说,在"双减"政策落实前,学生大量参加辅导班的原因或许并不是源于学校本身的教育不足。相反,学校能够较好地完成课内教学任务,帮助学生健康发展。

不过,值得注意的一点是,家长给出"非常认可"评价的频率是学生给出"非常满意"评价频率的一半。也就是说,学生相比家长更加认可学校教育。这一方面可能是由于家长对孩子有更高的期望;另一方面,也在一定程度上反映了家长作为学校教育的被动参与者并不十分了解学校教育。统计结果如图 2 所示。

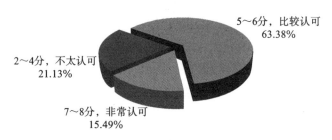

图 2　家长对学校教学的满意程度统计图

当然,在调查中也可以发现,约有 20% 的学生和家长对学校教育并不满意。综合两者来看,可以说明学校在课内教育上存在一定的问题。从调查结果上看,可做如下具体分析:

(1) 学校老师在应试知识的教授上有欠缺。虽然大部分学生认为老师讲授了足够的知识,但是在应试上,学生仍然认为教师的教学内容不够完整,欠缺一部分的应试技巧讲解和细小的知识点分析。

(2) 学校的教学将家长放在了比较尴尬的位置上。由于学校需要家长来完成一部分的监督工作,故有些学生在日常生活中会逐渐对家长产生一定的畏惧心理,而不乐意与家长讨论学校教学的话题,这就使得这部分家长无法从学生的角度得到关于学校教育的信息。事实上,仅仅通过任课老师与家长的沟通来实现家校互联显然是比较困难的,长期下来,家长与学校之间产生隔阂,这就间接导致了家长对学校认可度的下降。

5. 家长对"双减"政策的了解程度远大于学生

调查结果如表 6 所示。

表 6　家长与学生对"双减"政策的了解情况

调查对象	了解/(%)	听说过/(%)	不知道/(%)
学生	11.11	47.22	41.67
家长	55.63	35.92	8.45

通过对比数据可以看出,在"双减"政策上,学生与家长的了解程度有巨大的差距。大部分家长对该政策都有一定了解,相比之下,有接近一半的学生并不知道该政策。针对这一问题,考虑到学生群体接触新闻的渠道相对有限,直接归因于学生对教育政策并不关心显然不准确。但是,这也间接反映出学生接触新兴政策的机会过少。通过查阅文献,我们发现:在中小学阶段学生自身持

有手机的情况并不多。以河南省郑州和信阳两市为例,中小学生手机持有占比不到一半,而在甘肃省,这一占比更小。考虑到学生每天的手机使用时间一般在1小时以下且主要以社交娱乐为主,政策类新闻显然不能够及时传递给中小学生。

同样值得注意的是,家长与学生的了解程度差距侧面反映出家长与学生对学习政策类的话题讨论十分有限,这在一定程度上影响了现代化教育政策与理念的传播与施行。

6. 目前的课后服务有一定作用,但仍不完善

由于问卷数据复杂,为了更加清晰地体现家长与学生对课后服务的评价,我们从以下五个方面进行赋分:①学生的课后服务满意度;②课后服务对学生学习是否有帮助;③家长对课后服务的满意度;④课后服务的效果;⑤课后服务是否缓解了孩子的托管问题。

(1)学生赋分标准,如表7、表8所示。

表7 您认为课后服务是否有必要

态度	赋分
有必要	2
中立	1
没有必要	0

表8 您认为课后服务对您是否有帮助

态度	赋分
有帮助	2
有充足时间自习	1
没用	0

(2)家长赋分标准,如表9~表11所示。

表9 您认为课后服务效果如何

回答	赋分
很好	2
一般	1
不清楚	0

表 10　您孩子在课后服务后完成作业的情况

回答	赋分
完成	2
大部分完成	1
小部分完成	0

表 11　您认为课后服务是否有助于解决孩子的托管问题

回答	赋分
是	2
中立	1
否	0

（3）统计后得到的结果，如表 12、表 13、图 3 所示。

表 12　学生对于课后服务的评价

分值	人数/人
0	4
1	2
2	3
3	10
4	4
加权平均分：2.35	

表 13　家长对于课后服务的评价

分值	人数/人
0	1
1	6
2	7
3	10
4	21
5	27
6	16
加权平均分：4.15	

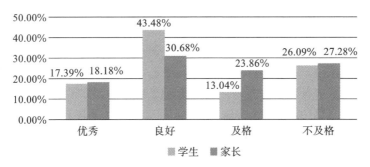

图 3　学生与家长对课后服务的评价

对比以上图表数据,同时结合平均值的参考,可以发现,家长群体对课后服务的评价略高于学生群体,但是给出良好及以上评价的家长占比明显小于学生占比。学校开设的课后服务主要有两点作用:一是帮助家长托管学生,尽量衔接学生的学校生活与家庭生活;二是通过延长在校时间,进一步减少潜在的花费在辅导班上的时间,并使学生能够最大化地接受学校教育。从这两个方面来看,学校的课后服务基本能够满足家长的托管衔接需求。但是,学生反映课后服务的增加并不能够缓解目前巨大的升学压力。同时,参加课后服务的学生并不比未参加的学生在学校教育认可度上有明显优势。可以说,目前的课后服务并不够完善。

(三) 结论和建议

就以上的数据分析而言,"双减"政策在降低学业压力上确实有一定作用。但是从目前学生与家长的评价来看,"双减"政策依旧有一定改善空间。下面我们将根据压力来源进一步分析,在"双减"政策的基础上,如何进一步完善政策体系与教育方式以进一步减轻学生和家长的升学压力。

目前全国教育的总体情况是,基础教育基本覆盖,但是优质教育资源十分有限:全国初中升学率在各省基本能够保证在85%及以上。但是在这些学生中,普通高中录取率分布在50%~70%,有23个省份的普通高中录取率低于61%(数据来源于国家统计局),余者只能选择职高或干脆辍学。成为这后约40%意味着什么?大致意味着就此失去接受本科以上高等教育的机会,而只能接受职业教育,从事某一特定职业。换言之,前者和后者从此时起即分道扬镳,而后者的发展前景就目前而言是远远不及普通高中升学者的。从社会观念上看,普通国人的传统观念是重道而轻术的,这样的传统观念可能导致人们主观上过分追捧高中而不愿选择职高。初中学生在中考上的激烈竞争进而导致小学乃至学前阶段的激烈竞争,因此,无怪乎整个义务教育阶段学生自身及其家长都承受着巨大的压力——在学生是精神和身体上的压力,在家长是经济上的压力(补课辅导)与对孩子未来发展的焦虑。

如何有效减压?一个根本(但也困难极大)的解决方法是:改变社会关于教育的风气。

实际上,改变教育风气正是顺应国家教育改革的重要组成部分。由于现阶段社会普遍追求好高中与好大学,中专与大专在社会上普遍不受重视,这无疑不利于多层次教育的推进。同时,过于激烈的竞争使得学生和家长单方面重视成绩的提高,家长很容易由于学生成绩不好而对教师不满意,给各种名义的辅导班创造了机会;而学生同时受到课内课外双重压力,自身心理困惑又不太受重视,长期以来,就会积累较大的心理与生理压力。

因此,笔者将从职业教育与家校两个层面分别讨论完善措施。

1. 职业教育方面

针对中专以及大专等职业教育体系,分析收集到的家长与学生数据,可以发现,目前大部分的学生和家长都对职业教育没有信心,认为受职业教育是失败的表现。这一心理在很大程度上促成了当下学生为了考上好学校而压力过大的局面。同时,从教育部官网上可以查得,近几年全国中职毕业生就业率均在95%以上,但是国家面临的高技术人才缺口并没有减小,由此可见,现阶段职业教育与社会需求间存在脱钩,职业教育亟须改革以顺应新时代的发展需求。

1) 树立职业平等观

为了改变学生与家长对于职业教育的观点,以学校为代表的社会教育中心以及媒体宣传需要共同努力。一方面,学校内需要加强职业平等观,做到不轻视、不抵触职业教育;另一方面,在现阶段多媒体行业宣传"工匠精神"的基础上,同步展现"成为技术人才也能够获得美好生活""只要努力,各行各业都能收获幸福"的就业理念。

2) 培养能满足社会需要的技术人才

对于职业教育本身,现阶段各个中专学校需要加强与企业的合作,培养能适应社会、服务社会的技术人才,填补高技术人才缺口。与此同时,职业教育不应当只涵盖专业知识教育,同样需要保证基础知识教育,培养学生灵活变通、根据社会需要灵活就业的能力,保障学生有良好的发展前景。

2. 家校方面

具体到学校和家庭层面又有什么措施?"双减"政策就是在这一层面上提出了减负的实际方案。首先是全面规范课外补习班,同等地缩减所有(严谨地说是大部分)学生的学习时间,在减轻学生学业压力的同时大幅减轻家长的经济压力。与此同时,按年级限制学生的作业量,并严令禁止学校方面要求家长以任何形式参与孩子的作业。这样,理想情况下学生和家长的负担都将显著减轻。

1) 将政策落到实处

目前,升学的严峻压力仍存在,家长和学生可能因减负政策的出台反而更加焦虑,因为无论大环境如何,不补课对个人而言只能是成绩的损失。因此,要减负就必须落到实处,对所有人一视同仁,否则将引起更严重的焦虑。

2) 充分利用好课后服务

显然,学生的成绩对于学习时间是边际递减的。如果保证学生在学校就能获得相对充分的知识,学生从课外补习获得的成绩提升显著性就会降低,这样一来学生和家长对补课的意愿就会减弱。这方面,"双减"提到的一个措施是强化课后服务——学生放学后会逗留学校一段时间学习或参加文体活动。问卷结果显示,目前课后服务的主要形式是老师讲授新课以及学生自习写作业,文体活动开展较少。基于前述分析我们认为现状是相当合理的,毕竟学生和家长的压力短时间无法完全消除,延长学生的在校时间是一种可行的缓解措施。

3) 提升学校教学的水准

在提升学校教学"量"的同时还要提升教学的"质",也即需要提升教师的总体素质。现状是,教师的社会声望较高而收入较低。实际上,后者会导致部分教师组织学生课后统一补课而赚取补课费用。因此,实际的措施是提升教师平均收入,且缩小收入的方差。

4) 加强家校沟通

缓解家长焦虑的另一个手段是加强家校沟通。我们从问卷中了解到,家长对学校教学的实际情况其实并不完全了解,这会导致家长产生不应有的焦虑。如果单纯依赖教师通过微信、短信等现代化通信方式进行家校沟通,要求有限的教师面对数量相对庞大的家长群体并且满足其不同的需求,显然不切实际。而教师群体的力不从心,也就进一步加剧了家长对教师的不信任。因此,除了在高新技术的帮助下进行家校沟通外,应当重拾传统方式,将学生作为联系家长与学校的重要纽带。在布置课内作业的基础上,增加布置沟通作业,鼓励学生将校内生活与家长分享,与家长共同分析学业困惑和难题。争取通过学生传递最新的教学信息,同时将学生的学习状态反映给家长,而不是单纯地反馈成绩变化。在家校沟通的基础上,学校还可以尝试引导家长更多地参与学生的心理与生活指导,家校共育,培养全面健康发展的新一代人才。

附件1：关于"双减"政策的问卷调查

您好，感谢您愿意抽出宝贵的时间填写本问卷。本问卷为匿名问卷，旨在调查家长、学生们对于当前教育情况的感受。填写本问卷约需要6分钟。谢谢您的合作。

分区1　基本信息

1. 您所在的城市？
   ○ ＿＿＿＿＿＿

2. 您的身份
   ○　家长
   ○　学生

分区2　家长问卷

3. 您的孩子的年级？
   ○ ＿＿＿＿＿＿

4. 您的孩子在以下哪一类学校就读？
   ○　城区公立学校
   ○　郊区公立学校
   ○　私立学校
   ○　其他

5. 您怎么看待以下陈述？

陈述	十分不同意	不同意	中立	同意	十分同意
我觉得孩子的作业很多					
孩子的作业对巩固学习有效					
孩子压力很大					
学校老师教学很好					

6. 您是否给孩子报过学科类辅导班？

学科类辅导班指的是培训"语数外"等考试科目的辅导班，音、体、美等不算入其中。

- ○ 报过,但现在没有报
- ○ 报过,并且现在也在报
- ○ 以前没报过,现在正在考虑
- ○ 从未

分区 3　报过辅导班的家长的问卷

7. 您给孩子报辅导班的原因?
- ○ 她/他想要提高成绩,自愿的
- ○ 我希望她/他成绩能提高
- ○ 没有时间管她/他,所以报个班
- ○ 别人都在报班,怕孩子输,所以也去报

8. 您觉得课外辅导班的作用怎么样?
- ○ 不错,成绩有提高
- ○ 没用,成绩还是那样
- ○ 不清楚,没关注

9. 您一个学期在孩子的辅导班上大约花多少钱(以元为单位)?
- ○ ＿＿＿＿＿元

10. 您跟您爱人一个月的税后收入约为多少?【选填】
- ○ ＿＿＿＿＿元

分区 4　家长公共问卷

11. 您对 2021 年 7 月的"双减"政策了解吗?
- ○ 很了解,看过国务院的文件
- ○ 了解,知道其主要措施
- ○ 听说过,但是不知道其主要措施
- ○ 没听说过

12. "双减"后,您会给孩子辅导吗?
- ○ 会
- ○ 不会
- ○ 看情况

13. "双减"过后,您担心孩子上不了好的高中吗?
- ○ 担心
- ○ 不担心

14. 请问您是否认为考上重点高中对您孩子的未来很重要?
- ○ 当然,考不上好高中人生大受影响
- ○ 可能有影响,但不是很大
- ○ 考得上很好,考不上也没事

15. 您最近有看到学科类培训的广告吗？
   ○ 经常
   ○ 偶尔
   ○ 没有
16. 您怎么看待职业中专（技校）？
   ○ 能学一门技术，将来也能安身立命
   ○ 学不到什么东西
   ○ 能不能学到本事，要看孩子自己的觉悟
17. 您孩子是否参加课后服务？
   ○ 是
   ○ 否

分区 5　参加课后服务的家长的问卷

18. 您认为课后服务效果如何？
   ○ 很好，有利于孩子按时完成学习任务
   ○ 一般，感觉对孩子的学习辅导作用不大
   ○ 不清楚，不了解孩子课后服务内容
19. 孩子课后服务后，作业完成情况如何？
   ○ 完成
   ○ 大部分完成
   ○ 小部分完成
20. 您觉得课后服务是否有助于解决孩子放学过早而无人托管的问题？
   ○ 是
   ○ 否
   ○ 中立

分区 6　学生问卷

如果您是高中生或大学生，请按您义务教育阶段时的情况作答。

21. 您的年级是？
   ○ ＿＿＿＿＿＿
22. 请根据您的感受做出选择。

项目	非常符合	比较符合	不清楚	不太符合	很不符合
老师经常让学生自己批改作业	□	□	□	□	□

续表

项目	非常符合	比较符合	不清楚	不太符合	很不符合
老师经常在班上讲解作业题	□	□	□	□	□
作业对学习有帮助	□	□	□	□	□
老师让家长检查作业	□	□	□	□	□

23. 您觉得老师讲课讲得怎么样？
○ 都讲得很好
○ 大部分老师讲得好
○ 小部分老师讲得好
○ 都讲得不好

24. 请问您认为学校内老师教授的知识是否足够完成考试？
○ 完全足够
○ 大部分足够，有没讲到的
○ 大部分都是没讲到的
○ 和考试没什么关系

25. 请问您的老师布置的作业主要内容是什么？
○ 单纯是普通的知识巩固
○ 有些提高题

26. 请问您平时是否使用搜题软件？
○ 经常用
○ 偶尔用
○ 不用

27. 请问您搜题的主要目的是什么？
○ 对答案，保证正确率
○ 不会做，查答案

28. 您有参加过学科类的辅导班吗？
○ 有过
○ 没有

分区 7　参加过辅导班的学生的问卷

如果您是高中生或大学生，请按您义务教育阶段时的情况作答。

29. 您为什么参加辅导班呢？
    ○ 家长要我参加，被迫无奈
    ○ 自己想提升成绩，成为学霸＋卷王
30. 您觉得辅导班对您提高成绩帮助大吗？
    ○ 很大，辅导班助我笑傲考场
    ○ 有一定帮助
    ○ 不知道，我只是个无辜的孩子
    ○ 没什么帮助，骗子
31. 您觉得辅导班的老师讲课水平怎么样？
    ○ 很好，他的课点燃了我学习的激情！
    ○ 比较好，知识点多，讲得清楚明白
    ○ 一般，就像白开水
    ○ 不太行，能把我搞睡着
    ○ "拉胯"，不想听
32. 请问您认为辅导班的作业负担大吗？
    ○ 很大
    ○ 比较大，大于学校中的作业量
    ○ 一般，和学校里差不多
    ○ 较少，能够轻松应对
    ○ 基本没有
33. 如果没有辅导班，请问您在暑假有明确的计划吗？
    ○ 有
    ○ 大概吧，有方向但是不具体
    ○ 根本没有，完成作业就好了
34. 对于上面的计划，请问您是否能够执行？
    ○ 严格执行
    ○ 大部分时候按计划执行
    ○ 小部分时候按计划执行
    ○ 计划？全都是泡沫！
35. 请问您上的辅导班的主要讲课内容是什么？
    ○ 以课内为主，针对课内知识查漏补缺
    ○ 提前教授更高年级的知识
    ○ 教授竞赛内容，专项提优

分区 8　没有参加过辅导班的学生

如果您是高中生或大学生，请按您义务教育阶段时的情况作答。

36. 您不参加辅导班的原因是什么?
- ○ 成绩不错,不需要(参见学霸)
- ○ 觉得辅导班没什么用
- ○ 考虑家里经济条件,不参加
- ○ 其他

分区 9 　学生公共问卷

如果您是高中生或大学生,请按您义务教育阶段时的情况作答。

37. 请问您是否了解"双减"政策?
- ○ 十分了解
- ○ 听说了
- ○ 不知道

38. 请问您对"双减"政策的态度是?
- ○ 很期待
- ○ 随便
- ○ 实际上不满意

39. 根据您内心的感受做出选择。

项目	很愿意	比较愿意	不知道	不太愿意,读书不是唯一的出路	不愿意
您愿意为了进入好的学校而努力一把吗	□	□	□	□	□

40. 您怎么看待职业中专(技校)?
- ○ 可以学到一门技术,将来也能安身立命
- ○ 学不到什么东西,我想读高中
- ○ 学不学得到东西,得看我自己

41. 您是否参加了课后服务?
- ○ 是
- ○ 否

分区 10 　参加过课后服务的学生问卷

42. 您觉得有必要开展课后服务吗?
- ○ 有
- ○ 没有
- ○ 中立

43. 课后服务的主要形式是什么?

- 学生自习
- 老师辅导完成课后作业
- 老师答疑解惑
- 其他个性化学习（如文体、科普、劳动等）
- 老师借课后服务讲解新课

44. 您觉得课后服务对您的学习有什么帮助？
- 有充足的自习时间巩固学习内容
- 有老师辅助答疑，基本解决了我的学习问题
- 个性化的学习内容丰富了我的学习生活
- 没啥用，跟在家写作业没区别
- 不如报辅导班

分区 11　您的建议

45. 您的联系方式？【选填】
- ＿＿＿＿＿＿＿＿

46. 如果您还有什么想说的，可以在这里留言。【选填】
- ＿＿＿＿＿＿＿＿

乡镇互联网医疗发展现状、困境与对策
——基于湖北省天门市和云南省保山市的调查

刘明旺[①]

一、调查背景与目的

2015年国内第一次出现"互联网医院"一词,而在2018年,国家卫生健康委员会明确将互联网医院纳入管理。到2021年,互联网医院实现了从个位数到千位数的增长。一方面是国家政策的大力支持,包括互联网医院合法地位、处方外流、线上医保结算等方面都实现了突破性进展,给互联网医院发展指明了方向;另一方面是患者就医的需求在不断地提高,通过院前的线上咨询、预约挂号,到院中的导医导诊、消息服务、在线缴费、报告查询,再到院后的查看处方和选择配送方式、患者随访、医患互动、患者评价,实现了患者就诊流程的线上线下一体化,进而不断改善患者的就医体验。同时,通过互联网医院,医生可以在很大程度上实现对患者(尤其是慢性患者)更有效的管理。此外,在突发新冠疫情中,通过互联网实现了线上健康知识科普、医学咨询、线上问诊、新型冠状病毒的核酸预约检测等多个业务的开展,有效分解了线下诊疗压力,帮助患者尤其是慢性患者及时复诊购药,体现了"互联网+医疗健康"对线下实体医院的互补和价值。

笔者对湖北、云南两省的欠发达地区展开调研,旨在了解其线上医疗的普及情况,了解乡村医疗服务事业在当地的发展状况,关心贫困人群的健康和幸福问题,助力以互联网医疗发展推动乡村振兴。

二、调查的内容与方法

(一)调查内容

笔者围绕"关注科技推广,助力健康农村"的主题展开,面向湖北、云南两省

[①] 刘明旺为华中科技大学法医学专业2020级本科生。

的欠发达地区展开实地调研,通过定向邀约访谈、发放调查问卷和与当地居民进行交流的方式进行调查,以此分析当地互联网医疗的发展情况,并指出互联网医疗发展的难点和症结,提出相应的对策建议。

(二) 调查方法

问卷调查法、访谈法等。

三、调查的结果与分析

(一) 基于问卷调查数据分析

1. 互联网医疗发展不均衡

各省之间,互联网医疗发展水平不一样,甚至在同一个省的不同城市之间,互联网医疗发展水平也存在较大的差距。

这次我们团队的队员分别前往湖北省天门市和云南省保山市进行调查,发现两地的互联网医疗建设程度差别较大。天门市及其下属乡镇的互联网医疗建设程度较低。天门市市区的大部分医院建立了互联网医疗的设施,但只有在线挂号预约、核酸检测预约、体检预约、报告查询的功能。通过对已经建立互联网医疗的医院进行访谈,我们得知,天门市所有已经建立互联网医疗的医院的网络医院还在建设中,而面向患者的互联网医疗功能较少。而且天门市下属的镇级卫生院还都没有建立互联网医疗,镇级卫生院的管理人员对此知之甚少,更没有相关的设施和人才。在村里的卫生所更不用说,对互联网医疗均不了解。云南省保山市及其下属乡镇的互联网医疗建设程度较高。保山市所有医院都建立了互联网医疗的设施,其功能包含在线挂号预约、核酸检测预约、体检预约、报告查询、线上问诊、费用缴纳等。在保山市的医院调查过程中我们了解到,市级医院可以与镇级卫生院合作实现远程会诊,我们也参观了远程医疗中心。在保山市镇级卫生院开展了电子医保、电子病例、远程医疗的互联网医疗设施建设,但是在村级卫生所中,互联网医疗设施建设同样相当贫瘠。

在湖北省内,天门市的互联网医疗发展较为落后。在天门市调查结束之后,我们又通过网上搜寻资料和与相关专业人士交谈中了解到,在湖北省有部分城市(如武汉市、潜江市和仙桃市等)已经有较为发达的互联网医疗体系。相比天门市,潜江市和仙桃市的医院已经可以做到市级医院远程操作仪器对乡镇医院中的患者进行检查和诊断。其也已经建立网上就医、药品网上配送,对居民的一些常见病和多发病,医生通过历史就诊信息和口述,可开处方和药品流转,直接把药品送到患者手中。与此同时,这些医院利用物联网和可穿戴设备帮助农村偏远的老年群体监控慢性病,将可穿戴设备发放给老年人,在家中即可检测指标,在后端可以监控指标以及规范药品管理,并为病人提供健康咨询和紧急救助等服务。

互联网医疗发展不均衡已经导致一系列衍生问题,在将来会影响医疗的进一步发展。

2. 欠发达地区互联网医疗建设难度较大

乡镇地区的 5G 网络没有完全覆盖。天门市和保山市的市区都可以接收到 5G 信号,但是在天门市和保山市的乡镇我们几乎没有检测到 5G 信号。5G 作为支撑经济社会数字化、网络化、智能化转型的关键新型基础设施,其在完成县乡医疗一体化管理和远程医疗协作等方面起到重要作用。而天门市和保山市的乡镇还未建设 5G 基站,对这些地区的互联网医疗建设的进度产生了较大影响。

乡镇卫生院和卫生所的软硬件技术制约。首先是硬件环境,包括医院的医疗设施、检验仪器、计算机、存储设备等。天门市和保山市的乡镇卫生院和卫生所的相关环境都比较老旧,部分医疗设施和计算机的使用年限较长,已经出现较为严重的老化现象,同时也很少进行维护。另外,部分医院的医疗检验仪器,如 B 超、心电图等,都出现了设备崭新但使用频率低的情况。如果开展远程医疗,参与方的硬件环境存在较大差异,有概率会导致医生观察到的患者症状不准确或失真,进而影响医生的准确诊断。其次是软件环境。目前,天门市和保山市的信息化水平参差不齐,尤其是基层医院基础配套信息系统建设尚不完善,一些医院信息系统较为老旧,到现在乡镇卫生院和卫生所仍然使用的是 HIS 系统,而部分市级医院像天门市第一人民医院已经更换了院内使用的系统。老旧的医院信息系统已无法支撑互联网医疗、远程医疗等新兴业务形态的发展,需要改造和升级。

乡镇卫生院和卫生所的医务人员的人数较少、专业水平普遍较低。在我们调查的镇级卫生院中,每个卫生院医护人员的数量都不足 20 人,而且医护人员的出勤情况也较差。据了解,镇级卫生院中,每天到岗且能为患者提供帮助的医生人数只在 5 人左右。与此同时,医护人员不仅离职情况严重,而且招聘难度大。而在村级卫生所中,无法做到"一村一医",大量村医离职,基本上是一位村医负责好几个村庄的医疗,有些村子之间相隔较远,村医难以同时兼顾。而且,村医并不是时刻都在卫生所,有时会出现联系不上的情况。同时,乡镇卫生院和卫生所的医务人员的专业水平普遍较低。在镇级卫生院中,平均每个卫生院的中级职称医生较多,基本没有副高级和正高级职称的医生,且医生的年龄都偏大,对电脑、手机等电子器械操作不熟练,只能进行一些基本操作。虽然部分镇级卫生院有B超、心电图和CT等检测仪器,但是并没有医技人员会熟练操作,这些仪器都出现了闲置的情况。在村级卫生所中,我们所调查到的村医都是20世纪70—80年代接受政府统一培训的当地人,这些村医一直坚持在岗至今。虽然大医院会定期对这些村医进行培训,但是这些村医的专业水平堪忧,而且他们对电脑、手机等电子器械操作不熟练。在我们的调查中,乡镇卫生院和卫生所的医务人员都反映说,现在的医生都不好招聘,相关人才极度匮乏。乡镇卫生院和卫生所的医务人员的人才缺口较大,同时医务人员的离职和招聘频繁,专业水平普遍不高。在这些地方要开展互联网医疗建设,必须展开培训,但是以上问题都会导致培训效果不佳。如果不解决乡镇卫生院和卫生所的医务人员的人才问题,乡村医疗服务的发展就难以推动,当地互联网医疗也难以开展。

政府对互联网医疗建设的投入不足。在调查中,我们发现,政府对互联网医疗建设投入的资金较少,无论是市级医院,还是镇级卫生院、村级卫生所,都因资金不足导致互联网医疗的某些项目无法继续推进。

3. 大众对互联网医疗了解不多,认可程度较低

笔者通过调查问卷发放的形式了解当地居民关于已经开展的互联网医疗的看法。

笔者发现,居民对已经开展的互联网医疗知之甚少(图1、图2)。其中天门市受访者中,对互联网医疗比较了解和非常了解的只有约24%;保山市受访者中,对互联网医疗比较了解和非常了解的也只有约16%。

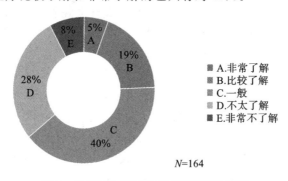

图1 天门市互联网医疗了解程度数据图

笔者发现,居民对已经开展的互联网医疗接受程度不太高。其中天门市受访者中有约34%"十分接受",约35%"比较接受";保山市受访者中有约40%"十分接受",约32%"比较接受",如图3、图4所示。

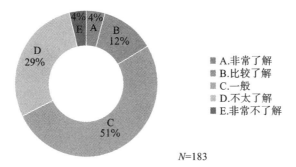

图 2 保山市互联网医疗了解程度数据图

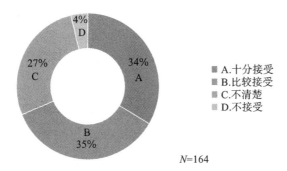

图 3 天门市互联网医疗接受程度数据图

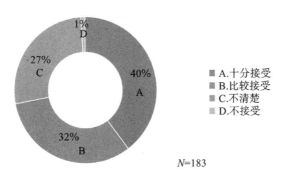

图 4 保山市互联网医疗接受程度数据图

笔者发现,居民去医院就医时,使用互联网医疗相关服务的频率不高。其中天门市受访者中只有约 6% 每次就医时都使用互联网医疗的相关服务,约 18% 经常使用互联网医疗的相关服务;保山市受访者中只有约 14% 每次就医时都使用互联网医疗的相关服务,约 33% 经常使用互联网医疗的相关服务,如图 5、图 6 所示。

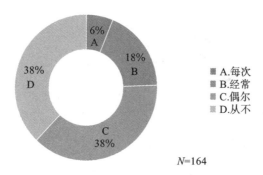

图 5 天门市就医时互联网医疗使用频率数据图

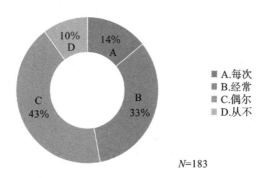

图 6 保山市就医时互联网医疗使用频率数据图

笔者发现,居民对互联网医疗不接受的原因主要有:担心患者隐私泄露和信息安全;互联网真假难辨,担心遇到骗子和冒牌专家;传统的就医习惯难以改变等,如图7、图8所示。

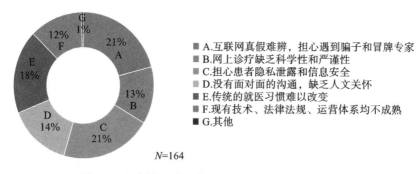

图 7 天门市居民对互联网医疗不信任的原因数据图

患者诊疗意识、诊疗习惯的培养和改变需要一个过程。如何让民众接受互联网医院、改变就诊习惯并适应线上操作是首要问题。根据我们的问卷调查,不少就诊患者仍然偏爱传统的线下诊疗模式,习惯与医生的面对面交流,对互

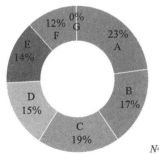

图 8 保山市居民对互联网医疗不信任的原因数据图

联网医疗有抵触心理。此外,大众也对互联网医疗存在许多的担心。尽管新冠疫情提升了大家对互联网诊疗的认知度,但对互联网诊疗的接受度和就医习惯改变尚需要一个过程。

4. 互联网医疗缺乏有效的推广宣传

根据笔者的调查,通过问卷的反馈,笔者发现,目前对于互联网医疗的宣传还不到位,大多数患者没有认识到互联网医院的便捷性,甚至不知道互联网医疗具体开展哪些业务,这就导致患者端需求无法被充分释放,从而影响互联网医疗业务的开展。同时,没有足够的宣传,部分患者也会对互联网医疗这种新生事物有抵触心理,甚至会让某些不法之徒趁机以互联网医疗的名义实施诈骗等犯罪行为。这会极大地影响互联网医疗的推广。

(二)主要做法和成效

1. 通过互联网医疗实现线上线下医疗服务融合一体化

通过查询相关资料与政策,与专业人士交流,笔者了解到将来医院借助互联网医疗实现线上线下、院内院外业务协同一体化,打破传统的医疗生态圈,实现整个医疗流程的打通和闭环管理。

互联网医疗的线上线下协同及一体化将逐步实现传统医学向现代医学转变,让医疗生态环境从疾病诊疗转变为健康管理,患者服务、支付、健康与疾病管理等转移到线上,医疗付费模式从按项目付费向按价值付费转变,医院将不再是单打独斗,互联网医疗更强调业务的协同,导诊、挂号、检查、手术、用药、患者随访管理等患者服务在互联网+医院时代都需要协同起来。通过互联网医疗实现跨地区、时空,实现院内院外业务协同,通过网络端协同分级诊疗。例如,骨科患者在基层医疗机构收治,来到大医院做手术,然后再回到基层医疗机构进行康复治疗,不同医院医生形成跨院工作组,共同管理患者。有人指导,另有人具体执行康复治疗,围绕患者疾病治疗进行院内院外的业务协同,如图9所示。

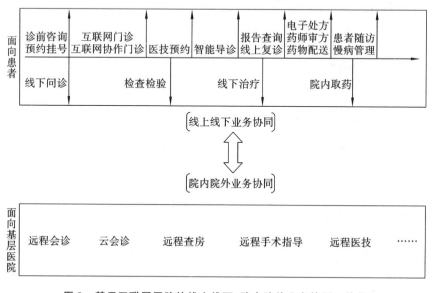

图9 基于互联网医院的线上线下、院内院外业务协同一体化

2. 与医疗联合体(医联体)相辅相成

通过查询相关资料与政策,与专业人士交流,笔者了解到互联网医院可以发挥资源链接、平台化管理的功能,与医联体、医共体相辅相成,实现优质医疗资源的共享。

医联体是国家卫健委出台的关于医疗资源部署管理的机制。开展医联体建设,是深化医改的重要步骤和制度创新,有利于调整优化医疗资源结构布局,促进医疗卫生工作重心下移和资源下沉,提升基层服务能力,有利于医疗资源上下贯通,提升医疗服务体系整体效能,更好实施分级诊疗和满足群众健康需求。在医联体的共识下,可以实现人员互换、数据互换、医保互联,是一种协同机制。互联网医院是一个新机构,与医联体不同,但二者又互相关联,可以共同发展,相辅相成。医联体是业务需求方,互联网医院是供应平台,这个平台最大的好处是链接,包括链接医院、链接医生、链接患者、链接医生和医生、链接医院和医院,还可能链接政府、疾病防控等公共卫生事业单位,从而帮助医联体、医共体业务协同和真正的分级诊疗的实现。比如说县医院,现在有一定比例的资源是闲置的,人员工作量、床位使用率、设备使用率严重不足。而中国现有的优质医疗资源不到10%,且主要集中在各大城市的三甲医院,可以把基层的优质资源利用起来,让地市级的三级医院更好发展并变成优质医疗资源,同时做好一、二级基层医疗机构职能定位,而互联网医院则可以发挥链接和协调各方资源和优势的功能。

(三)对策和建议

1. 完善基础设施建设,定向培养相关人才

要保证互联网医疗的持续发展,能达到与医联体相辅相成的效果,则要完善各级医院的基础设施建设。首先,要实现5G信号的基本覆盖,完备的网络条件是建立完善的互联网医疗体系的基础;其次,对于未建立互联网医疗的乡镇级卫生院和卫生所,针对已经老化的医疗设施和计算机进行替换,针对长期无人会操作的仪器进行远程操作,同时,乡镇级卫生院和卫生所统一升级软件系统;最后,对于已经初步建立互联网医疗的医院,持续完善医院基础信息化建设,只有提升医院的智慧医疗服务,才能满足日益增加的用户需求,这就要求医院加大院内信息化建设及互联网医院运营体系建设。

此外,定向培养相关人才来弥补医务人员的缺口。由于部分乡镇卫生院、卫生所地处偏远,招聘相关人才的难度较大,可以实行定向培养,具体参考已经实行的专项招生计划。同时,还可以实行奖励机制,大城市医院中的医生前往乡镇卫生院、卫生所援助就医一段时间,援助结束后给予相关政策奖励,可以参考向偏远地区派遣老师的支教计划的做法。

2. 加大互联网医疗的推广宣传力度

要增大群众对互联网医疗的认可程度,则要加强推广宣传。一方面,从医院角度加强对医生、患者的推广。新生事物的出现,医生和患者都需要一个适应的过程。在这个过程中,前期宣传推广(如一些互联网运营的地推措施)非常必要,可以参考移动手机银行、网约车等互联网业务的地推经验,让患者、医生适应这样的过程。此外,配置专门的运行推广人员非常重要,尤其是针对医生端使用的推广宣传。另一方面,在行业中大范围地宣传和推广。从行业角度进行大范围的宣传和推广,使整个行业大踏步地跑起来,形成一种氛围,既包括需求方老百姓的就诊习惯改变,也包括供给方诊疗模式的改变。

3. 政府统一互联网医疗的建设发展模式

根据笔者的调查,目前每个省的互联网医疗建设的标准不同,都存在自己的模式,这些互联网医院初期建设所进行的尝试导致互联网医疗发展处于散乱

状态。经过高速无序发展期后,政府需要对互联网医疗建设有一个总结,确定好的建设发展模式,让其发展进入一个相对有序的规整期。政府统一互联网医疗的建设发展模式后,以此为基础,建立配套的政策和标准支撑。

政府有统一互联网医疗的建设发展模式及配套的政策和标准,则可以缓解部分互联网医疗建设中存在的问题。比如:针对互联网医疗中存在的某些问题进行调整;建立有效的管理和服务机制,为大众所认可;设立专门的服务监管机构,解决大部分群众所担心的问题;指导落后地区加速互联网医疗建设,缓解互联网医疗发展不均衡,等等。

附件1:互联网+调研应用问卷

1. 您的性别是?

   A. 男　　　　　B. 女

2. 您的年龄是?

   A. 18岁以下　　B. 18～29岁　　C. 30～44岁　　D. 45岁及以上

3. 您现在从事的职业是?

   A. 各级政府部门、企事业单位、党政机关和公众团体的领导者

   B. 专业技术人员(教师、医生、工程技术人员、作家等专业人员)

   C. 公司员工

   D. 商务人员

   E. 服务业人员

   F. 从事农、林、牧、渔业的劳动者

   G. 学生

   H. 失业或无业

   I. 离退休人员

   J. 其他

4. 您目前的最高学历是?

   A. 没有接受过学校教育

   B. 小学

   C. 初中

   D. 高中

   E. 专科

   F. 本科及以上

5. 您属于下列中的哪种情况?

   A. 本地长居

B. 外地长居

C. 外来务工

D. 本地外出务工

6. 您是否需要定期就医？

A. 是

B. 否

7. 一年中您去医院看病的频率是？

A. 每周一次

B. 每月一次

C. 每年一次

D. 每年两次

E. 每年三至十次

F. 两年及以上去一次

8. 如果您生病了，一般会选择在什么地方看病？

A. 私人诊所

B. 村卫生所

C. 县级医院

D. 市级医院

E. 其他

9. 您到医院看病通常采用的挂号方式是？

A. 人工窗口

B. 微信公众号

C. 电话预约

10. 您到医院看病最常用的缴费方式是？

A. 人工窗口

B. 医院自助机

C. 微信公众号

11. 您了解健康咨询的最主要的途径是？

A. 主流媒体报道

B. 微博、抖音等自媒体平台

C. 杂志、报纸、书籍

D. 微信公众号推文

12. 您是否了解互联网医疗？

A. 非常了解

B. 比较了解

C. 一般

D. 不太了解

E. 非常不了解

13. 您对互联网医疗的态度是?

A. 接受并已尝试

B. 接受但未尝试

C. 不清楚,看今后情况

D. 不接受,以后也不会尝试

14. 您觉得制约互联医疗发展的主要原因是?[多选题]

A. 互联网真假难辨,担心遇到骗子和冒牌专家

B. 网上诊疗缺乏科学性和严谨性

C. 担心患者隐私泄露和信息安全

D. 没有面对面的沟通,缺乏人文关怀

E. 传统的就医习惯难以改变

F. 现有技术、法律法规、运营体系均不成熟

G. 其他

15. 您就医时使用医院微信公众号的频率为?

A. 每次

B. 经常

C. 偶尔

D. 从不

16. 您不需要就医时是否会关注医院微信公众号?

A. 会

B. 不会

17. 您觉得微信公众号是否改善了就医环境?

A. 是

B. 否

18. 您希望从医院微信公众号中获得哪些服务?[多选题]

A. 在线挂号及支付

B. 在线问诊

C. 在线查询检验报告

D. 就诊前医院、医生的情况查询

E. 就诊引导

F. 医疗卫生知识宣传

G. 疾病注意事项

H. 药物、治疗价格明细

I. 其他

19. 您最看重医院微信公众号服务的一个方面是?

A. 质量

B. 费用

C. 个人信息安全

D. 服务效率

E. 其他

20. 您对目前医院微信公众号的建设情况是否满意?

A. 非常满意

B. 比较满意

C. 一般

D. 不太满意

E. 非常不满意

本问卷结束,感谢您的参与!

第四部分 文化建设专题

民族地区非遗文化产业助力乡村振兴调查
——以四川省凉山州为例

李书瑶[①]

一、调查背景与目的

2021年6月,由四川省侨务办公室、中国新闻社四川分社主办的"行走中国·2021海外华文媒体聚焦凉山脱贫攻坚成果"活动如期举行。来自17个国家和地区的25家海外华文媒体代表走进凉山州,关注彝族非物质文化遗产的传承和发展。凉山州20多项国家级非物质文化遗产以彝族文化为主体,既有彝族火把节、彝族年等民俗类非遗项目,又有彝族漆器、彝族银饰、傈僳族火草织布等手工技艺类项目。但在初期,可用于支持非遗项目发展的资金较少,场地和设备都比较简陋,个别缺少助力的非遗项目仅仅能维持正常的运作,无法有效发展。凉山州西昌市摸索出一条"旅游+农产品深加工+文创"的发展模式,以文促旅,以旅助产,以产惠农,线上线下相结合,打造完整非遗产业链条。"用小产品撬动大市场,打造彝绣文创品牌,驱动灵活居家产业。"

笔者前往四川省凉山彝族自治州进行社会实践,深入了解当地政府精准扶贫的具体工作,调查并分析当地"非遗+"的致富路径,了解并记录当地村民生活的巨大变化,同时采访当地村民对"非遗+"脱贫模式的看法,以此总结脱贫攻坚经验,为乡村振兴赋能加码。

二、调查的内容与方法

(一)调查内容

在本次社会实践的调查过程中,笔者以"非遗脱贫模式"为主题,以越西县普雄镇呷古村、呷托村、瓦曲村及喜德县光明镇彝欣社区为主要实践调研点,运

[①] 李书瑶为华中科技大学行政管理专业2020级本科生。

用了问卷调查法、文献分析法、访谈法、个案研究法等多种方法,以各个村庄的发展现状、脱贫前后变化、未来的发展方向和策略为主要调研对象,深入了解脱贫攻坚工作和成果,调查了解并分析当地"非遗+"的致富路径,为乡村振兴寻找一条可借鉴的新模式。

(二)调查方法

问卷调查法、文献分析法、访谈法、个案研究法等。

三、调查的结果与分析

(一)基本状况

1. 呷古村彝绣发展现状

近年来,乘着乡村振兴的春风,呷古村坚持"创新是引领发展的第一动力",以"非遗+"引领创新促发展,发展彝绣产业,培养彝绣人才,发扬彝绣文化,将非遗文化与乡村振兴有机结合,非遗文化以别样的姿态,在这里得以薪火相传,生生不息。

呷古村响应国家乡村振兴号召,结合彝绣技艺基础,大力发展彝绣产业,组织了176名擅长彝族刺绣的在家妇女成立越西县普雄镇彩遗坊彝绣专业合作社。该合作社现有绣娘778人,刺绣产品20余种。2019年生产彝族服装、包、围巾等产品共计3000件,销售1000余件,创造利润10万元,其中村集体增收2万元,绣娘共计增收8万元。

在呷古村,由于交通不便和文化条件限制,妇女们大多在家务农。但是彝绣产业的出现,让很多精通彝绣技艺的妇女成为绣娘。绣娘们通过自己的双手,在这片贫瘠的土地上创造出了令人惊叹的财富。据当地彝绣技艺传承人亲口讲述,全职绣娘月均收入在5000元以上,在胜利完成了脱贫攻坚之后又向乡村振兴迈出了一大步。

现今,在彝绣传承人的带领下,彝绣工艺也逐渐和其他文化相结合,开始了彝绣的创新之路。比如借鉴其他不同风格的服饰的花纹,彝绣上面不再只有彝族特有的花纹了,这也使彝绣的受众面更广,从而扩大了彝绣的市场,打开了彝绣在外地的销路。此外,彝绣也逐渐与时尚相结合,由彝绣传承人创新的彝绣衣服参加了中国各大时装展,在时装界获得了越来越广泛的认同。

2. 呷托村漆器发展现状

和呷古村不同，呷托村在非遗传承方面重点发展的是漆器产业。但可惜的是，呷托村的漆器非遗产业发展得并不顺利。据当地的村支书说，自从呷托村唯一的非遗传承人吉皮五合在半年前突然离家之后，当地的漆器产业发展就陷入了僵局。尽管村干部们一直在四处寻找吉皮五合，但是根本查不到任何关于他的交通、住宿记录。走进呷托村村委办公室，笔者看到了"呷托村的产业发展计划"，以及近年来呷托村的主要收入来源等数据图。那些统计图和表格清晰地表明，呷托村目前的主要发展产业仍然是农业。脱贫攻坚计划表上清楚地表明呷托村近三年开展的建设工程都是花椒种植、秋季豌豆种植、1＋X核桃产业以及借畜还畜等农业方面的产业，而跟漆器相关的产业计划并没有出现。同时，在走访当地建档立卡的贫困户的时候，我们特意向他们询问了是否了解当地的漆器产业发展情况，但令人惊奇的是，很多村民表示并不知道当地曾发展过漆器非遗传承助力脱贫的项目。

3. 瓦曲村银饰发展现状

过去，瓦曲村有200多户村民从事银饰加工工作，打造出的耳垂、手镯等银饰产品除了被销往凉山，还销往成都，以及云南、贵州等地。甚至在凉山流传着这样一句话："只要有彝族的地方就可以看到瓦曲加工出来的银饰。"制作精美、玲珑剔透的银饰工艺早已注入瓦曲人民的血液里。瓦曲村不仅将银饰工艺打造成了瓦曲村乃至彝族人民的一张名片，更是让它成了村民们脱贫致富的重要依托。瓦曲村在2016年顺利脱贫摘帽。2019年3月，瓦曲彝族非遗手工银饰传统工艺工坊被授予国家级"非遗扶贫工坊"。

村民都富裕起来以后，有了更高的追求。由于瓦曲村地处深山，交通、教育都不算发达。富裕之后的村民为了让下一代接受更好的教育，也为了让更多的人知晓自己打造的银饰，很多人搬离了瓦曲村而到越西县城，到西昌市甚至成都市等地。虽然他们离开了瓦曲村，但并没有扔下瓦曲银饰，仍然从事打造银饰的行业。瓦曲村的银饰也得以在更多的地方"开枝散叶"。

目前留在瓦曲村从事银饰加工的村民寥若晨星，基本上都是个体户。他们加工银饰的原材料、销路等都成了问题。瓦曲村一位加工银饰的村民告诉我们，现在村里加工银饰的人都是和各自的老板合作，老板提供原料，他们根据老板的需求制作银饰。这样的销售模式虽然会有不少的收入，但是有可能老板的需求不稳定，订单数量也不稳定，容易造成加工银饰的村民每月的收入起伏较大。

4. 彝欣社区发展现状

近年来,凉山着力将彝绣、银饰、漆器等众多独具特色的传统工艺转化为脱贫生产力,既带动了贫困群众就近就业、居家就业,又促进了非物质文化遗产的活态保护,走出了一条"非遗＋扶贫"的致富道路。光明镇彝欣社区是脱贫攻坚下喜德县最大、凉山彝族自治州第二大的建档立卡贫困户易地扶贫搬迁集中安置点,总安置农户1696户,其中建档立卡贫困户1399户,7084人,涉及9个乡(镇)33个村,项目总投资约5.36亿元,规划用地面积215291平方米,建筑总面积19.12万平方米。

由于异地搬迁前贫困户经济来源单一,搬迁后为了解决就业和增加收入,彝欣社区采取了就近务工、就地创业、技能培训等方式全力巩固脱贫成果,根据个人特长和意愿,组织居民开展彝绣、漆器、民族服饰等具有彝族文化特色的技能培训,并且采用"公司＋基地＋妇女"的运作模式,居家群众利用空闲时间手工制作工艺品并由经销商收购,实现"足不出户"也能在家务工创收,居民月收入可达四五千元,虽然比外出打工少,但是离家近且可以照顾老人,这让很多人选择留在社区。

漆器制作工艺复杂,以前各自家族的漆器技艺不传外人,也不传女性,一度面临传承困境。彝欣社区建成后,近万人搬迁而来,一家漆器厂就成为解决居民就业、传承非遗技艺的重要选择。在漆器厂务工的社区居民说,漆器厂毫无保留地开展漆器技艺培训,并提供就业岗位,促进了漆器技艺的传承、创新和发展。

(二) 存在问题

呷古村、呷托村、瓦曲村、光明镇彝欣社区各自存在的发展困境并不相同。

1. 呷古村的发展困境

1) 彝绣产业分散化

在呷古村,彝绣产业并没有很集中。绣娘们通常都是三三两两聚在一起或者是独自在家工作,这就导致工作效率不高或者无法专心工作。绣娘们通过接单来确认工作任务,有时候接到了自己不熟悉的任务,工作效率就会降低。如果成立了专门生产彝绣的"非遗"工厂,工厂就可以根据每个人的特色分配各自的任务,集中生产和管理,既能提高工作效率,也可以改进彝绣生产质量。

2) 彝族传统文化风情与现代商业理念存在冲突

由于受到地域以及历史传统影响,彝族人生性洒脱,率真豪爽。彝族的绣娘有时候因为一些事情的耽误,直接把接取的彝绣单子放在一边,从而导致了违约。在现代商业理念中,违约是很严重的事情,在豪爽的彝族人眼中却显得稀松平常,因此彝族绣娘的这种性情给彝绣早期商业化产业化带来了巨大的障碍。好在当地的村干部及时跟绣娘反映了这个问题,一定程度上缓解了这种不同理念的冲突。

3) 彝绣传承不易,培养新的彝绣人才存在困难

除去现有的几百名绣娘,村里的年轻女性技艺不成熟,另外专门培养的绣娘技艺成熟时间长,很难大规模化生产,这就导致彝绣的产量不高,打不开市场,只能是市场中的小众需求。彝绣的传承少、知名度不高,销量也就难以上升。

2. 呷托村的发展困境

在分析了镇党委、村"两委"等处的公开数据并结合了实地走访调研结果之后,我们发现呷托村发展漆器产业受阻的原因主要有四个。

1) 地形崎岖,交流困难

呷托村在山腰上,离普雄镇镇区有十几公里,且一般的车根本上不去,村民去镇上一般坐三轮车,从村里到镇上至少要花费半小时。这就导致了呷托村不能像呷古村一样和外界有较为频繁的交流,销售渠道较为单一闭塞。同时,呷托村村内地形复杂,各生产队之间往往相隔较远,各队村民之间的交流也变少了,这就是在我们走访当地贫困户的时候很多人不知道吉皮五合这个人存在的原因。

2) 传承断链,发展困难

据当地村支书的描述,多年以来村内只有吉皮五合一家在传承漆器技艺,虽说不存在只传男不传女的现象,但是到吉皮五合这一代就只有吉皮五合一人在做。非遗文化的传承方式单一,且没有广泛在村内传播,因此吉皮五合离家之后村内竟找不到一个人来接替他。漆器技艺传承的断链直接导致呷托村发展漆器陷入困境。

3) 脱贫之前农业人口多,发展漆器产业的道路艰难

在普雄镇党委办公室里我们看到,呷托村的农业户数有 532 户,农业人口有 1730 人,且呷托村不论是贫困户数还是贫困人口都是该镇所有村里面最多的。这就导致了当地脱贫攻坚负责人首选种植经济树木和畜牧养殖业帮助当地人口脱贫。因为与种植业和畜牧业相比,文化产业脱贫需要的时间长,投入资金更多,且见效慢。在这种情况下,村内发展漆器文化产业脱贫的动力不足。

4) 领导班子经验不足,未做好预防措施

虽然当地的领导班子意识到走非遗传承帮助脱贫的道路,但是呷托村只有吉皮五合一个非遗传承人,他们既没能在吉皮五合离开之前就发展壮大制作漆

器的人才队伍,也没有做好全村的宣传工作,导致只有与吉皮五合亲近的村民对漆器产业发展了解较多,其他村民则知之甚少。如果做好可预见性措施的话,呷托村的漆器传承效果将会好很多。

3. 瓦曲村的发展困境

1) 从事银饰加工的人数锐减

正如上文提到的,不少过去通过加工银饰富裕起来的村民离开了瓦曲村,虽然他们在外面也仍然从事银饰加工,但是这直接导致了瓦曲村从事银饰的人员大量减少,加工银饰的氛围不再像过去那样浓厚,瓦曲村的银饰名片也不再如过去一样响亮。

2) 银饰技艺传承人难觅

因为彝族银饰工艺繁多,对眼力、手法的要求非常高,很多技艺高超的师傅都是从十几岁就开始学习加工银饰,一直坚持不懈地学习三四十年。但是现在村里年轻人大多为生计外出打工,而瓦曲村的成熟银饰师傅几乎都已经上了年纪,这造成了银饰技艺传承人青黄不接的现象。

3) 销售途径和方法有待改进

瓦曲村加工银饰的个体户目前都是各自寻找销售渠道,并没有形成一个完整的销售链条。另外,因为是由老板提供原材料,瓦曲村的个体户在加工银饰时只能根据老板的需求加工银饰,所以他们容易受制于人,不能根据大众的需求以及自己的喜好加工银饰。

4. 光明镇彝欣社区的发展困境

1) 市场规模较小和消费群体单一

由于漆器作为一种具有地方特色和民族文化的非遗文化产业,它的消费群体主要是彝族当地居民。在封建社会,漆器只有皇室成员和达官贵人方能享用,价值极高。漆器的主要产品形式为餐具,而随着汉族文化的影响,汉族餐具也逐渐取代了一部分彝族餐具,虽然漆器花色多样,工艺精美,构图奇特,图案纹饰精美端庄,色彩感染力极强,但是由于宣传力度不大,名气仅局限于凉山,也没有开发和挖掘新兴市场,外地人如果不是特地去搜索了解,很少有人知道漆器这种物件,所以漆器在外的销售市场也不大,而且它的经营模式也是有订单才去生产,并不是大量生产和主动投放市场,这种经营模式也在一定程度上影响了漆器的市场销售。

2) 漆器技艺人员人数不足

之前,各自家族的漆器技艺不传外人,也不传女性,在某些村落只有一个人或者少数几人掌握技术,其他人只会一些皮毛,技艺传承人不在,则漆器生产难以进行。虽然现在情况有所好转,但是漆器本身的制作工艺极其复杂。漆器是手工制作,耗时费力,须经近四十道工序方能完成,加之土漆漆膜需要在特定的温度、湿度环境下才能慢慢干燥,工期长、劳动量大,能够真正掌握并且精通制作工艺的人并不多。虽然这种非遗技艺在一定程度上增加了居民收入,但是仍有较大一部分人选择外出打工。

3) 漆器形式较单一,缺乏创新

漆器的主要样式为餐具(如筷子、勺子、碗盘),并且样式长年固定,外地人消费欲望较低,彝族民众各自家中一般也不缺乏,这间接影响了漆器的销售市场。寻找漆器新载体新样式,拓展市场和扩大消费群体,使创新不可避免地成了漆器制作者需要考虑的因素。

(三) 结论和建议

笔者以分析呷古村、呷托村、瓦曲村、光明镇彝欣社区的发展困境为依据,分别对这四个村落社区提出了相应的政策建议。

1. 呷古村的政策建议

1) 建立专门的彝绣工厂

当地政府可以出资选址建立彝绣的专门生产车间,将彝绣彻底产业化、集中化、规范化,让彝绣产业做大做强,为乡村振兴提供强大动力,打破彝绣产业的僵局,吸引更多绣娘参与进来,让彝绣真正地走出彝族,走出中国。

2) 深度创新,开放交流

把传统彝绣工艺与现代服装进一步结合,创作出受众面更广的彝绣服饰,打开彝绣的外地市场,提高彝绣服饰的销量,从而提高绣娘的收入。让民族特色与现代文化相交接、糅合,在保留传统彝族"黑色为底,彩线装饰"的风貌上,增添现代的绣法和工艺,让彝族的服饰能够真正地被世界接纳和欣赏。

3) 创办彝绣传承项目,培养更多彝绣人才

当地政府可以出台相关政策,拨出一定的资金来专门培养彝绣人才,将彝绣发扬光大,提高其知名度,对于彝绣的传承进行鼓励和奖励,还可以宣传彝绣工艺,让彝绣在现代社会中大放异彩。

2. 呷托村的政策建议

1) 发展漆器文化产业,升级产业结构

就现状来看,呷托村的农业发展趋于稳定,且在2019年就完成了脱贫摘帽。在未来发展稳定的情况下,呷托村可以试着发展漆器产业,优化产业结构,提高村民收入。

2) 积极寻找漆器传承人才,学习先进经验

虽然吉皮五合离家久久未归,但是呷托村的村支书等人一直没有放弃寻找他。其实在走访的过程中我们已经了解到,村内有意向学习漆器技艺的劳动力并不少。如果吉皮五合顺利返家,那么村内的领导班子可以立马选出有意向学习漆器技艺的人。如果找不到吉皮五合,那么领导班子可以到喜德县的彝欣社区寻找人才,那里也有擅长漆器技艺的人才,且已经形成了相对成熟的产业链,呷托村的干部可以同那里的干部进行积极交流,学习先进的经验。

3) 寻找稳定的销售渠道,扩大销售范围

普雄镇的零售摊贩和各种饭店对漆器的需求都比较大,也有寻常人家会选择购买漆器产品装饰屋内。在这种情况下,呷托村村支书等可以找到稳定的商铺销售漆器。同时呷托村还可以建立网上商店,积极对外宣传漆器文化,通过直播带货、节日促销等手段提高当地漆器产品的知名度,形成品牌效应。

4) 同知名设计师交流学习,将流行元素和传统漆器文化相结合

虽然现在彝族漆器的订购量并不少,但是漆器并不是消耗性大的产品。和其他设计师交流学习后,改良漆器产品,通过添加现代元素等手段,可以扩大漆器产品的受众群体,并进一步提升漆器的文化价值和收藏价值。

3. 瓦曲村的政策建议

1) 成立合作社,整合资源发展银饰产业

瓦曲村的银饰产业迟迟不能发展壮大,遭遇瓶颈,根源在于村民们都在单独行动,没有形成一个完整的产业链。个体户在遇到困难时容易懈怠,因为除了银饰还有农业收入,一些村民会觉得没有了银饰,仍然可以靠农业生存下去。一旦形成了完整的产业链,平台变大了,就会吸引更多的买家,村民的积极性也会随之提高。合作社可以通过分工,如一部分人加工、一部分人拉丝、一部人清洗等提高加工效率。

2) 改善乡村交通和教育

正如老话说的那样,"想致富,先修路"。改善交通条件有利于村里的银饰走出去,外面的人也能够走进来。瓦曲的知名度、银饰的知名度也会随着更多人的到来而更加响亮。改善交通条件以后村民们到达越西县城、西昌市区就更加方便,无形之中也会改善村里的教育条件。如此一来,因为关心子女的教育而搬离瓦曲的村民也会变少,村里加工银饰的人变得更多,氛围更好,银饰产业就会呈现出欣欣向荣的风貌。

3) 银饰的种类多样化、多元化、年轻化、生活化

根据村民们的描述，瓦曲村加工的银饰以手镯、耳环、戒指等居多。这些工艺品的制作过程复杂，需要的时间成本高，价格普遍昂贵，所以能够购买手镯、耳环等银饰的人属于少数。此外，手镯等产品在彝族同胞的生活中极少使用，只在婚丧嫁娶等重要场合才会穿戴，所以银饰的市场范围较小。同时，因为制作的手镯等银饰风格庄重典雅，所以在年轻人群体中的流行度相对较低。总之，不能将银饰的种类仅限于手镯等，需要增加其种类。

4) 在加工过程中适当引进现代科技

在工业化时代，自动、半自动制造已是大势所趋，但是瓦曲村的银饰加工仍然是纯手工制造，虽然质量上乘，但费时费力，成本也非常高。笔者认为，除了一些机器不能替代的细节之外，应实现大规模机械化生产，从而大大提高制作的效率。

4. 光明镇彝欣社区的政策建议

1) 漆器的宣传方面

漆器的市场规模较小和消费人群较单一，在一定程度上受限于宣传力度，外地人可能不是因为不喜欢，而是因为不知道、不了解。漆器具有审美和实用双重价值，并且天然环保。当外地人了解之后，有可能对此产生兴趣并且产生购买的欲望。而在互联网时代，加大宣传的方式众多，政府、企业或者传承人可以采用文化营销的手段，如利用短视频平台、媒体宣传等方式，来扩大市场规模。政府在加大支持力度上，不只是在资金方面还在政策方面，提供优质的宣传平台，从而提高漆器的知名度。

2) 漆器的技艺传承与人才培养

政府可以出台相应政策，对非遗技艺的传承进行一定的鼓励和奖励，倡导非遗传承人多向他人传授技艺，发展更多的非遗技艺掌握者甚至是传承人。政府还可对当地居民进行宣传，让他们了解漆器技艺的优点和掌握该技艺的好处，做到有人肯教、有人肯学，确保技艺的传承。

3) 漆器的样式创新

在技艺的传承上可以进行一定的创新，新的技艺接受者可能有不一样的灵感，在保留彝族当地特色文化的基础上，结合当今的一些现代元素，不拘泥于固定的模式，创造出当地人和外地人也可能喜欢的、感兴趣的物件。彝欣社区进行了一定的创新，他们创造了餐具以外的新形式——文具笔筒，在此基础上可以进行更多的创新，如家具、房屋装饰挂件等，这也是对拓展市场规模的一种有益探索。

附件1:华中科技大学赴四川凉山调查问卷

您好!非常感谢您参与本次调查问卷。这是一份关于"凉山乡村振兴"研究的学术问卷。本次问卷采用匿名的方式,您所回答的问题仅供学术研究之用,请您放心作答。

1. 您的性别是_____。
   A. 男　　B. 女
2. 您的年龄段在_____。
   A. 18岁及以下　　B. 19~30岁　　C. 31~55岁　　D. 56岁及以上
3. 您的职业是_____。
   A. 工人　　　　　B. 农民　　　　C. 公务员　　　D. 学生
   E. 自由职业者　　F. 其他
4. 您在本地的居住时间是_____。
   A. 1年以内　　　B. 1~3年　　　C. 3~5年　　　D. 5年及以上
5. 您觉得家乡目前的发展面临哪些困难?
   A. 产业缺失　　　B. 人才流失　　　C. 教育落后　　　D. 交通不便
   E. 政府支持不够　　F. 对村民关注不足　　G. 其他
6. 请您给近年来家乡的变化打个分。
   A. 1~3分　　　B. 4~6分　　　C. 7~9分　　　D. 10分
7. 实施精准扶贫政策以来,您觉得家乡获得了哪些改善?(可多选)
   A. 住房条件及住房保障　　　B. 工作及收入状况
   C. 生活质量和消费水平　　　D. 公路、电网等基础设施建设
   E. 社会保障和公共服务　　　F. 居民素质和教育水平
   G. 垃圾、污水的管理,环境状况的改善
   H. 发展特色产业带来的红利
8. 家乡的发展变化离不开扶贫政策的支持和扶贫工作的努力,您对家乡扶贫工作的满意程度如何?(1分表示满意程度最低,10分表示满意程度最高)
   A. 1~3分　　　B. 4~6分　　　C. 7~9分　　　D. 10分
9. 实施精准扶贫政策以来,您觉得扶贫工作中可能面临的困难有哪些?(可多选)
   A. 部分驻村代表存在畏难情绪　　B. 群众参与积极性不高
   C. 政府扶贫资金投入不足　　　　D. 帮扶计划没有结合当地实际
   E. 其他
10. 扶贫工作中,您知道政府为村民做出了哪些努力和探索?
    A. 加大资金倾斜力度　　B. 人才引进政策落地　　C. 招商引资发展产业

D. 重视教育培养人才　　E. 发展非遗文化产业　　F. 其他

11. 我们村漆器、彝绣等非遗文化发展势头迅猛，对脱贫攻坚起到不小作用，您对非遗脱贫了解多少？

　　A. 非常了解　　B. 比较了解　　C. 一般了解　　D. 较少了解

　　E. 不了解

12. 您觉得发展非遗产业时可能面临哪些困难？（可多选）

　　A. 非遗传承人的缺失　　B. 市场知名度不高　　C. 产品高度同质化

　　D. 市场难以开拓　　　　E. 交通运输不便　　　F. 缺乏资金支持

　　G. 其他

13. 你了解非遗产业发展在哪些方面做出了尝试和探索？（可多选）

　　A. 从被动保护到走向现代新生

　　B. 利用国际非遗平台展现凉山非遗文化魅力

　　C. 成立唯品会驻四川凉山传统工艺工作站，非遗与电商相结合

　　D. 成立非遗扶贫工坊，提高绣娘的产品制作能力，提升彝绣产品和手工艺品的品质

　　E. 其他

14. 非遗出海是我们做出的有益尝试，您觉得非遗出海会面临哪些困难？（可多选）

　　A. 非遗传承困难，缺少传承人　　B. 非遗形式陈旧，难以吸引观众

　　C. 国外文化多样，竞争力强　　　D. 对外交流较少，沟通不畅

　　E. 其他

15. 您觉得非遗出海未来应该怎么走才能越走越远？（可多选）

　　A. 打造响亮的非遗文化品牌

　　B. 非遗文化项目产业集群化

　　C. 将非遗文化作为重要的旅游资源

　　D. 调整财政扶持方向和税收优惠政策

　　E. 重视自身非遗知识的产权保护

　　F. 其他

16. 您觉得非遗脱贫的模式可持续性程度如何？（可多选）

　　A. 非常好　　B. 很好　　C. 一般　　D. 较差

　　E. 很差

17. 您觉得未来乡村振兴，我们还需要在哪些方面做出努力？（可多选）

　　A. 发展完善产业（农业、非遗）

　　B. 形成"洼地"吸引人才入乡村

　　C. 加强农村传统道德教育，提高个人素质和修养

D. 构建绿色环保的生产方式和产业结构
E. 发挥农村基层党组织的力量,重视群众的力量
18. 您觉得我们能挖掘哪些发展模式助力乡村振兴?(可多选)
A. 非遗产业化　　　　　　　　B. 发展非遗文化旅游
C. 提高农业生产技术,增产增收　D. 保护乡俗文化,助力文化振兴
E. 形成人才洼地,促进人才振兴　F. 其他

新媒体条件下非遗文化传承调研
——以四川省绵竹年画为例

阳昕媛[①]

一、调查背景与目的

年画村位于四川省德阳市绵竹市，紧邻千年古镇孝泉，地处成都平原西北平原山麓交接地带，地势平坦、气候适宜、自然风景优美，具有历史悠久的农业文明以及极具地域特色的民俗文化。绵竹木版年画作为国家非物质文化遗产及中国"四大年画"之一，具有技艺发展水平高、历史悠久、极富地域特色等优势。在当地政府的引导下，鼓励老艺人进行民间传统年画的生产，继承和发展工艺，进行了许多创新。随着时代的发展，对年画在内容、题材、媒材等方面进行扩充，与现实生活联系更紧密，在一定程度上满足了时代需求，体现了先进文化的生产方向。年画生产日渐走向产业化，逐步实行年画艺人创作与销售功能的分离，建立了一支具有市场营销经验的队伍，并在推进品牌建设方面做出了一定的努力，同时引进先进市场理念和民营资本，发掘市场潜力。

2016年后，年画村旅游业遭遇困境，乡村振兴后劲不足。景区辐射范围只局限于成都平原附近地区且大多数游客二次游览意愿不足，渐渐陷入游客较少、旅游业难以继续高质量发展的困境。笔者团队前往绵竹市调研的目的就是为解决此困境提供破局之道，寻找年画村与四川特色文化相结合，与当地特有的文化地理环境相结合的新的文化发展模式，借此范例为全国其他非遗乡村的二次振兴提供借鉴。

二、调查的内容与方法

（一）调查内容

笔者以"新媒体条件下非遗传承与乡村振兴"为主题，通过访谈和田野调查

---

① 阳昕媛为华中科技大学广播与电视学专业2020级本科生。

的方法,从传承和传播结合的角度,研究绵竹年画在古时得到繁荣发展的原因以及当今绵竹年画传承和传播机制互动环节中出现的问题,并以此作为切入点,解析绵竹年画的发展现状及困境,为年画村的二次振兴提出措施与方法。

(二) 调查方法

田野调查法、访谈法。

三、调查的结果与分析

(一) 基本状况

1. 传承人

我们团队的社会实践项目是研究绵竹年画传承人对这一技艺及其文化传承的影响,聚焦于古时及当今繁荣期年画技艺的传承机制及体系结构、现今新兴传承方式及外来传承人员情况、现今商业理念和新型技艺与传统传承观念的差别及冲突,从而借鉴绵竹年画繁荣期的传承体系经验,解析当今传承所面临的困局,并了解传承人对绵竹年画在新时代长久传承的看法和建议。

2. 制作工艺

在制作工艺方面,我们重点研究其地域特色、独特技法、特殊媒材、技艺的历史以及风格等方面的传承。具体研究内容为绵竹年画古时繁荣发展阶段的媒材特色、独特技艺的起源与发展、技艺发展历史的演变及其中的特殊状态、新型媒材传入导致的冲突及其对年画制作的影响、现今技艺的传承体系及保存状态、不同派别技法间的交流与冲突对年画工艺传承的影响、当今工艺创新上的缺陷等方面,以期学习繁荣阶段的工艺之优,全面看待历史发展过程中工艺及其媒材传承面临的困境,探索出更符合时代发展要求的工艺传承形式。

3. 传播

信息在空间上扩散的范围和速度以及工艺、媒材、传承者、传承理念等重点传承内容与年画销售等经济活动都受到传播的巨大影响,本次调研不同时期不同方面的传播机制,从而深刻了解与绵竹年画相关的传播经验及当今现状,研究其与传承间的互动,并与产业发展及二次振兴相结合。

（二）传承和传播

1. 绵竹年画的传承

1) 绵竹年画发展概述

绵竹年画作为一种历史悠久的传统艺术，自然涉及发展与传承问题。绵竹年画的传承方式从古至今并无本质性的变化，师徒传承和父子传承是两种主要的形式。这些传承方式较难适应当下时代的节奏，显得有些落伍，使得本身逐渐没落的传统技艺更加缺乏横向交流，而且在一定程度上限制了年画的创新。而创新主要是靠接过传承年画责任的新一代，在传统的基础上结合当今时代的特色，激发年画新的生命活力。

2) 绵竹年画制作工艺

关于传承，让笔者印象最深的便是对年画制作工艺的调查，这种制作工艺过程虽然仅在纪录片中展现了短短几十分钟，但我们明白其背后所花费的时间与精力。在观看完纪录片后，我们就这种制作年画的工艺是否应该保留下来进行了讨论，最终得出结论：应该保留。无论过程多么烦琐，其工艺也是年画之所以独特的一种因素，传承不仅仅是保留其最终的艺术产品，更是对其制作手法的一种保护，如同"授人以鱼，不如授人以渔"，所讲的应该是一个道理。

在制作工艺方面，年画村有专门介绍年画的起源、发展和制作工艺的展览馆。同时通过观看纪录片，我们发现村子里的手艺人依然一丝不苟按照年画的步骤制作：画师起稿和定稿后，用白描法画在毛边或薄描纸上，然后刻工将画师定稿用粉糊反粘在刨平的梨木或杜木板上，沿画稿墨线剔去空白处，完成墨线版；之后画师用墨线印出画样，在画样上点出颜色，刻工再按不同颜色刻制出彩色套印版，一般不超过五张；刷工将每幅画的墨线和套色版准备齐全后，开始将数百张纸压在刷印画案固定位置上，再把画板倒放在纸的左边，用手翻纸，蒙在涂匀的画板上，右手用毛刷刷画板上的纸；如此一张一张在固定位置上将纸刷完，然后换另一颜色画板，直到全部刷完。这个过程虽然烦琐，但是手艺人们依然坚守着这种细致的工艺，不禁让我们对工匠精神有了更深的理解：能够沉下心来认真投入自己的工作中，将自己的心血倾注到每一个细节。笔者认为，正是这种工匠精神让绵竹年画在各种艺术盛行的今日依旧保持着自己的风采。

3) 绵竹年画传承人

虽然绵竹年画尚有传承人，但大多数传承人年事已高，正面临失传的危险。同时，有部分年龄稍大的传统年画师找不到能够传承的人选，只因他们不大愿意招收徒弟，甚至坚决反对子女继承自己的手艺。而绵竹年画急需新鲜血液，对于年轻一辈来说，他们不愿意学习年画技艺，存在着此种技艺已经落伍、无法靠此养家糊口、行业没有未来等消极想法。我们在调研中发现，虽然绵竹年画村已初具规模，有剑南老街等特色旅游地，村子里的房屋墙壁上都画有各式各样的年画，非常有特色，但是针对年画的展览馆门可罗雀，连讲解员都没有，传承人基本都是老人，剩下就是一些学徒，形势严峻。现在虽有机器代替人生产各种产品的例子，但在笔者看来，机器始终取代不了人的手工背后的那种特殊的情感与温度。因此，我们要转变观念，让年画"活起来"，在信息时代重新具有竞争力。

2. 绵竹年画的传播

1）绵竹年画传播现状

关于绵竹年画的传播，笔者之前去年画村做过一些调查工作，包括对村子整体情况的采访，对年画村展览馆、纪念品馆的调查，发现村子整体处于大山深处，交通不算便利，但是绿化环境较好。每家每户的墙上都有鲜明的绵竹年画特色，但村子的特色不够明显，整体偏向农家乐风格，与其他地域的农家乐差异不大，年画村的风格明显体现不足。因此，在吸引游客方面，大多是依靠美食与环境，而通过年画来吸引游客尚显不足，在年画展览馆与纪念品馆，游客稀少，同时也缺乏专业的讲解人员；让游客无法了解到绵竹年画的起源、发展与自身特色。虽然政府在2019年、2020年都出台了相关政策来保护绵竹年画，但在其传播方面还须改进。

2）主要传播形式

笔者分析了绵竹年画几种主要的传播形式。其一，传统节日风俗。许多传统节日的风俗都有绵竹年画的身影，当地人通过这种形式来维持年画的生命力，也可以看出年画在当地人心里的地位。然而随着传统的没落，新生事物的崛起吸引了大部分人的注意，使得绵竹年画这种传播形式受阻，更加阻碍了绵竹年画在新一代中的传播；网络视频、短视频的兴起，为年画的传播提供了很好的平台，我们在哔哩哔哩、微博、抖音等平台上发现年画宣传的相关视频有一定的数量，但其点击量和观看量没有达到预期的效果。可知绵竹年画在宣传上做出了一定的努力，但收效不太理想。其二，旅游产业。旅游产业与年画的结合为其传播做出了显著的贡献。一些由年画作坊改成的民宿，向前来住宿的游客宣传着绵竹年画的特色，同时也让游客可以参观年画的制作工艺流程，还让年画成为旅游纪念品上的独特花纹。这不仅让纪念品本身带有独特的艺术价值，也促进着年画的传播。其三，网络购物。网络电商平台上已有不少绵竹年画的身影，一些年画师本着"互联网＋"的思维来传播自身的年画产品，让绵竹年画走出村庄，让更多人能接触到它，同时促进它的传播，但其质量有待深入考究。

3) 传播方面存在的问题

最后,结合网上的相关调查情况,笔者通过讨论得出:年画村的发展存在以下问题。①在娱乐上与当地特色文化发展之间不平衡。当地的娱乐活动发展比较快速,包括吃喝玩乐各个方面,让人们能够缓解在城市里的疲劳;但在当地年画文化的发展方面存在明显的短板,文化发展形式比较单一,且仍以年画产品的形式输出,如年画扇、贴纸等,受众较小,难以获得广泛的支持。②在年画村的建设方面,还需要努力发展。虽然基础设施建设方面基本完备,但在特色发展与宣传方面尚须探索,例如,从2019年开始的"绵竹年画回春节"活动中可以看出当地为绵竹年画传播所做的努力。

(三) 主要做法和成效

1. 政府力量

(1) 当地政府应确定两三个有品牌、有规模、有创新能力的重点年画企业,对其产品的创研、企业的拓展在资金、技术上给予重点扶持,促使其做大做强,以带动其他企业发展。

(2) 加大对绵竹年画及产品参加省内外有影响的文化产业展销会,政府可列专项资金,每年选择省内外不同城市举办一次专项宣传及产品推介会,不断拓展境内市场,助推绵竹年画及其产品销往我国港澳台地区和东南亚国家,并逐步进入欧美市场,使绵竹年画及其产品成为国内外知名产品。

(3) 建议成立绵竹年画非物质文化遗产保护及产业发展工作领导小组,下设办公室,负责年画保护、产业发展的日常工作,制订年画保护、产业发展的远期、近期工作计划,研究制定政策,定期向政府进行专题汇报;负责年画生产销售企业资质审查、规范营销手段;负责大型活动筹备和人员培训等工作。

(4) 针对年画盗版现象,相关法律法规仍然相对单一。要继续重视和完善相关法律法规。重视产权保护,进一步促进年画产业的传承与创新。

2. 民间力量

1) 民间组织与团体(管理方)

绵竹年画这一非物质文化遗产具有民族性、地域性等特点,其保护与传承的主体是多元的,民间组织与团体在其中发挥着重要作用。联合国教科文组织相关文件与我国的非物质文化遗产保护法都强调了社会团体在保护、传承中的重要作用,这些团体可以在其保护的实践层面积极探索、积累经验,同时也能做到许多政府部门难以做到的事情,以更为活泼的形象扩大其社会影响力,为非遗创新性保护创造更好的社会效果。

在绵竹年画的二次振兴过程中,社会力量常被弱化。因此民间组织更应以时代眼光,利用交通条件、信息流、网络技术等优势,助力绵竹年画的再次辉煌。

(1)加强协调式组织建设。绵竹年画村三个主要景区的地理位置和文化资源基本上相互脱离,整合开发力度不足,景区服务和配套设施不完善、分布分散,旅游资源的集群效应及整合力度弱。应加强资源整合及协调型组织建设力度,连接物流、售后等环节,推动产业体系建设,增加组织数量,增强服务效力。

(2)加强管理型组织建设,加大行业规范力度。年画产品存在假冒伪劣等市场混乱情况,应增大年画协会、年画产业协会等组织的管理及监督力度,建立市场监管制度,对符合质量标准的卖家给予认证,规范市场管理,完善市场规则,建设合法合理的定价系统与销售渠道,增强版权意识,加大对原创商家的保护力度,取缔不良商家。

(3)搭建合作平台,增强宣传力度。将非遗普及大众层面是社会团体的主要工作方法之一。德阳市及四川省各文化协会应当联合博物馆、图书馆、高校等场所,以亲民的形象增大年画知名度。

(4)扶助弱势项目。政府虽已对绵竹年画的传承、振兴投入了大量人力、物力、财力,但关注重点仍主要为重点技艺。应关注并扶持少量被"边缘化"的弱势项目,推动此项非遗的全面、均衡发展。

(5)为市场主体提供链式人才培养、供给。提升待遇,引进思维活络、有较高艺术水准的人才,进行优质创新生产,转换思维,提升实用性、审美性及质量。例如,可与四川的美术院校合作,举办校内设计比赛等,建立充足的人才供给库。

(6)吸引社会资本。加大宣传力度,吸引社会资本支持。积极寻求与政府企业和官方机构的合作机会,提升影响力。

2)市场主体(生产、销售、宣传主体)

市场主体作为绵竹年画生产销售的主要参与者,其任何一个举措都会对年画市场及传承发展产生巨大影响,这类主体应加强社会责任心,开阔视野,增强自身活力,主动寻求绵竹年画的二次振兴之路。

(1)产品设计、生产者。产品生产上,存在产品形式单一、抄袭照搬等现象屡见不鲜、同质化严重、年画元素运用呆板、艺术价值与使用价值不足等问题。设计、生产企业应严格遵守市场规范,加强自身文化及审美积淀,积极发掘、吸纳优秀创作者与传承者,融入时代精神,继承传统,推陈出新,生产出既符合人民大众需求又具有文化传承性的产品,而非守旧或过分"网红化"。比如可以同当前火热的亚文化或网络潮流相结合,将年画因素经过有文化含义的设计融入汉服、旗袍等,在这样的店铺里放入提包、文具等文创产品也会有更大的意义。企业可以在拓展中下层次市场时采取印刷技术,在降低成本的同时提升销量,保证质量,区分不同需求层次的市场。坚持以人为本,不再以中低端销售为主,构建长效可持续发展之路。

(2) 电商及线下店铺。绵竹年画存在营销方式落后、处于竞争被动局面等问题。应积极利用民间组织与团体,增强与物流、售后等各环节间的信息交流,改进运营模式,整合优势资源,积极利用优势技术提升运输速度。

(3) 景区等产业。存在服务和配套设施不完善、质量较差且重复性高、游客体验感差、没有反映当地文化特色或只聚焦于绵竹年画这一个文化意象、缺乏独特性及竞争性等问题。各景区应充分利用社会团体力量,进行有效资源整合,加强旅游项目集群效应,减少同质化现象,积极创新景区突出点。加强配套服务设施建设,积极发展茶馆、民宿,推进交通建设进程,满足游客需求。加强对绵竹地区及年画技艺的文化和历史底蕴的挖掘,打造独特性景点,建设相关的特色旅游项目及设施(如以一些有代表性的年画故事为基础设置"剧本杀""密室"),"网红打卡地"只能成为一时热潮,应首先把年画的名气传播出去,寻找老艺术家,以及有足够水准、有震撼力的作品,聚焦宣传目光,突出其文化及民俗意义,吸引学者、民俗和历史爱好者,再进一步推广,形成文化热潮。

(4) 相关宣传企业及部门。绵竹年画存在宣传渠道偏少、营销投入较少、宣传方法落后等问题。应引进专业市场营销人才,增强管理系统活力,创建精准用户画像,寻找针对性用户群体,加强针对性宣传。应增多投放平台及渠道,形成全平台投放,同时加大前期投入资金,加强重视,寻找相关博主进行推广。

3. 人才力量

绵竹年画的突出特点是以人为载体,在传承人的代代传承中生存与发展。因此,如何保护、发展与传承绵竹年画,离不开新老传承人的共同努力,与外界各部门的协同合作。针对传承人方面,与其他非遗文化传承相似,绵竹年画传承如今面临的问题有以下三点:保护、培养、创新。

1) 保护

(1) 对绵竹年画传承人和各级代表性非遗传承人建立名录机制,利用现代化手段进行入档记录,并在此基础上,进一步加强管理代表性传承人,结合绵竹地区与年画村的实际发展现状,实施更规范的管理制度,从而使非遗传承人的管理工作更具实效性。

(2) 对现存影响较大、民间风格浓厚的年画作品进行登记、保护性收藏,以便未来研究与传承发展;并且对年画艺人进行一定的扶持,提高其社会地位和经济待遇,促使技艺传承,扩大年画创作的行业队伍。

2) 培养

(1) 针对老一辈传承人固守传统思想、向新一代传承人传习技艺困难的问题,要与时俱进,多加开导,改变老一辈传承者固有的传统观念。加强引导,对老一辈手艺人的技艺传承做出保证,坚定年画从业者的信心。

(2)面对年轻人不愿意从事传统手艺行业工作的问题,绵竹年画非遗管理机构首先应尝试与教育部门展开密切的合作,将绵竹年画引入当地的校园,在课堂中实现寓教于乐;其次,加强与高校的合作,利用地域优势,在四川省内联合各大高校进行绵竹年画研究;再次,着眼于全国,与其他地方的年画如天津杨柳青年画等联动,建立全国范围内的年画科研场所;最后,引进和培养从事年画研究、整理、创作、开发的人才,培养专门经营年画及系列产品的文化经营新人,建立一支研究、整理、创作、开发的人才队伍,做好民间年画的传承工作。

3)创新

(1)针对绵竹年画技艺乏陈、内容题材缺少新意等情况,绵竹年画手艺人应推陈出新,同时汲取当下流行元素,去除糟粕后入画,通过新媒体等领域进行推广,打响绵竹年画的知名度。或考虑与其他形式的媒介联动,让年画不再停留于纸面或墙面。

(2)对年画形式创新应考虑由"大师"带头,创办工作室、研究室,吸引新一代的绵竹年画传承人进行研究、教学和创新开发,在保留传统的同时跟上时代潮流。

数据恩施:非物质文化遗产对乡村振兴的影响

黄彦玮[①]

一、调查背景与目的

非物质文化遗产,发源于悠久的历史长河之中,植根于人类日常生活之间,却在无形之中给予人信念与力量。它是自古流传至今的活态文化,是发展着的传统生产、生活方式,是人类精神文明的精髓与脊梁。在以非物质文化遗产为核心的国家级文化生态保护实验区建设中,恩施市紧紧围绕"遗产丰富、氛围浓厚、特色鲜明、民众受益"的工作目标,秉承"见人见物见生活"的整体性保护理念,牢牢抓住保护文化生态空间、优化活态传承平台、鼓励融入时代的创新创造等工作重点,努力将保护试验区建设成为地方优秀传统文化可持续传承发展的生态家园。

笔者前往恩施市通过问卷调查、访谈等多种形式,对访谈记录与资料进行分析,构建实践过程中用于观察对比的恩施市非遗数据库,旨在深入了解恩施市非物质文化遗产的基本情况,包括保护情况、政策情况等。

二、调查的内容与方法

(一) 调查内容

笔者以"非物质文化遗产对乡村振兴的影响"为主题,探究国家级非物质文化遗产"恩施玉露制作技艺"的持续发展对地区乡村振兴经济发展的影响。同时跳出非物质文化遗产研究的局限性,以数据视角通过计量分析,得出玉露茶制作技艺对地区发展的影响结果;通过一系列的计量分析,得出非遗对地区乡村振兴发展的影响结果,并探究其原因,提出合适的意见和建议。

[①] 黄彦玮为华中科技大学生物医学工程专业2020级本科生。

（二）调查方法

双重差分法、访谈法、问卷调查法等。

三、调查的结果与分析

（一）基本状况

探究恩施玉露制作技艺的持续发展对地区乡村振兴经济发展的影响，是一项复杂的工作。由于地区发展受到多种经济社会因素的影响，而且也会受到很多其他政策的影响，因此需要使用更为科学有效的双重差分法进行评价（图1）。

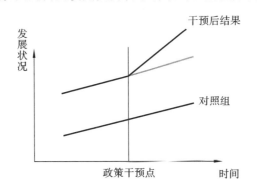

图 1　双重差分法模型图解

笔者研究的样本时间范围为 2008—2018 年，国务院在 2014 年第四批非遗扩展项目中公布了"恩施玉露制作技艺"。研究玉露茶制作技艺对恩施乡村振兴的作用为我们提供了良好的政策有效性的准自然实验，可以采用双重差分法模型来验证。

根据恩施玉露制作技艺的设立时间和相关非物质文化遗产发展情况，设置 P 变量，以 P 变量为核心解释变量（部分核心解释变量如图 2 所示）。为此，通过双重差分法，以检验设立恩施玉露制作技艺国家级非遗为代表的非遗产业发展对地区乡村振兴发展影响的净效应模型：

$$Y_{it} = \beta_0 + \beta_1 P_{it} + X_{it} + \gamma_i + \mu_i \tag{1}$$

其中，Y_{it} 为被解释变量，选取恩施地区经济、文娱、生态、教育四个方面来量化；γ_i、μ_i 分别表示时间和个体固定效应；X_{it} 为控制变量。

为了控制环境因素变量的影响，我们选取城镇化等作为控制变量。具体包括：

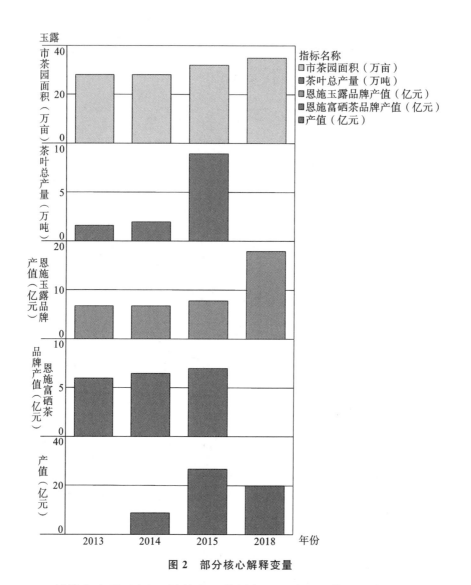

图 2　部分核心解释变量

（1）城镇化水平，用地区城镇人口数量与地区总人口数量的占比来度量。

（2）高等教育水平，选取地区普通高等学校在校学生数占地区常住人口数的比重来代表地区高等教育水平。地区高等教育水平可以在一定程度上反映出该地区的文化素养。

（3）工业化水平，以第二产业产值占地区 GDP 的比重来度量。

（4）服务业水平，选取第三产业产值与地区 GDP 的比值来度量。

（5）经济发展水平，使用人均 GDP 取对数值来表示。

聚焦于多组数据下，综合运用双重差分法策源分析后，得到"非遗-乡村振兴"评价体系。如果恩施玉露制作技艺的发展确实促进了乡村经济的发展,那么 β_1 应该显著为正;若 β_1 显著为负,则说明恩施玉露制作技艺的发展对乡村经济的发展起抑制作用;若 β_1 不显著,则说明恩施玉露制作技艺的发展对乡村经济的影响不显著,如表1所示。

表1 "非遗-乡村振兴"评价体系

β_1	$\beta_1 < -0.1$	$-0.1 \leqslant \beta_1 \leqslant 0.1$	$0.1 < \beta_1 \leqslant 1$	$\beta_1 \gg 1$
作用效果	抑制作用	作用不显著	存在促进作用	显著促进作用

(二)主要做法和成效

我们社会实践团队完成了对以恩施玉露制作技艺为代表的非物质文化遗产的持续发展的探究。由乡村振兴层层深入基层,根据四个方面的"非遗-乡村振兴"评价体系,得到以下影响作用。

1. 经济方面

发展非遗相关产业总体上对地区经济起到促进作用,但在局部非乡村地区却无促进作用甚至有抑制作用。乡村地区的系数显著为正而总体系数为正但不明显,说明部分地区的系数为负,进而说明非遗发展弱化了这些地区的经济发展。我们实践团队还发现,部分城市地区对非遗的主要工作是保护而非开发,因此较发达地区在保护非遗的前提下会减少对非遗开发的投入,降低非遗的经济效益,即在较发达地区非遗文化保护与经济开发之间存在矛盾。

2. 文娱方面

发展非遗相关产业对乡村地区文娱发展与旅游业起到显著促进作用,在城市地区的作用并不显著。较落后的乡村地区的系数显著为正,且推测其作用方式为非遗产业带来的附加价值与文化效应影响着国内游客的印象,并催生一系列非遗相关文娱产品。城市地区系数接近零,说明城市化对非遗产业的作用响应不明显,发展非遗相关产业对城市文娱发展不明显。

在旅游业欠发达的乡村地区,与旅游业相关的政府部门、景区、旅行社以及酒店往往会大力推动新旅游文娱资源的开发,而新旅游文娱资源开发的最优选择即是具有较大宣传效应的非物质文化遗产(如国家级非遗恩施玉露制作技艺),形成非遗相关产业促进乡村旅游业发展、进而促进乡村振兴的结果。

3. 生态方面

发展非遗相关产业对地区总体生态保护并未起到明显的相关作用,但在乡村地区存在一定的正相关效应,二者保持相似的增降步调。根据评价体系得到的总体系数接近于零,但实践队发现旅游业与生态之间保持正相关效应,而在乡村地区,非遗产业发展与旅游业数据呈现相似的变化曲线,因此可以进一步认为,非遗产业的发展与生态呈正相关。深究其原因,一定程度上的生态保护,优化改善了乡村地区自然环境,进而促进了旅游业的发展;而旅游业与非遗产业紧密相关,由此产生了双引擎的互相促进效应,如图3所示。

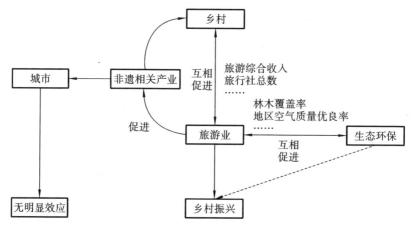

图3 非遗相关产业对生态方面的影响效应

4. 教育方面

发展非遗相关产业对乡村地区与城市地区的教育发展均起到一定的促进作用,乡村地区与城市地区的系数均为正且接近于1。分析数据跨度从2011年至2020年,我们实践团队发现,发展非遗相关产业为当地创造了更多的就业机会,提升了更高的教育需求,因而增大了地区的教育投入,提高了民众对教育的重视程度。同时,教育也对非遗产业存在显著的增益效应,如图4所示。

(三) 结论和建议

我们实践团队按照"线下实践+线上分析"的实践体制,深入分析恩施非遗的保护建构、产业化与文旅化,得到以下的引申结论:

1. 加强协同引擎作用

加强乡村建设与发展非遗相关产业互相促进的协同引擎作用,其中,非遗带来的附加价值往往不可忽视。

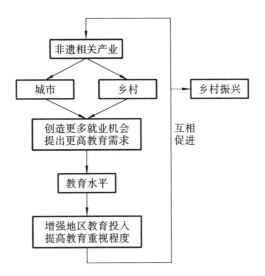

图 4　非遗相关产业对教育方面的影响效应

2. 非遗旅游增益

非遗的产业化在与旅游业的开发融合、体验融合、创新融合和功能融合方面,为恩施地区乡村振兴提供了强力的经济支持与文化增益。

3. 专利教育创新

恩施地区稳步发展的教育水平与逐年攀升的专利规模为非遗在恩施的发展提供了更强的创造力与创新力。

4. 城市化阻滞效应

恩施地区乡村城市化进程的持续推进作为乡村振兴的一部分,在 2018 年之后,呈现出挤压非遗相关产业的姿态。

5. 多方努力并进

恩施玉露制作技艺在现代化的发展过程中,在保留其自身非遗底蕴的同时,仍须克服外部环境改变带来的困难,这需要多方的共同努力。

6. 党建引领乡村振兴

恩施众多贫困村在脱贫攻坚战与乡村振兴进程中脱贫致富,党建引领在其中发挥着巨大的作用。

校史研究及大学生对校史了解程度
——以华中科技大学为例

夏士雄[①]

一、调查背景与目的

百年恰风华,世纪正青春。为深入学习贯彻习近平总书记在党史学习教育动员大会上的重要讲话精神,在全社会特别是广大青少年中深入、生动地开展党史学习教育,CCTV-1推出了《全国大学生党史知识竞答大会》特别节目。为什么要学党史?习近平总书记指出:"历史是最好的教科书。"因此,对共产党人来说,中国革命历史是最好的营养剂。华中科技大学既传承了优良办学传统,又体现了与新中国同呼吸共命运、与共和国同频共振的红色基因,历经中国高等教育战线的两次大调整,见证了中国高教事业的两次大发展,被誉为"新中国高等教育发展的缩影"。

学习校史对于当代大学生的意义无异于共产党员学习党史的意义,身为一名华中大人,校史也是我们成长的营养剂,每一位学子都应该以敬仰之情、敬畏之心来学习校史,从中汲取新的智慧和力量。所以笔者决定,首先,针对华中科技大学的校史进行深入研究,并在此基础上集中学习了学校发展史以及学校在新中国发展建设中的贡献史;其次,在学习之后,笔者随即对我校学生对校史的了解程度进行调查。

二、调查的内容与方法

(一)调查内容

笔者以"我校学生对校史的了解程度"为主题,首先对华中科技大学的校史展开深入的学习;其次通过问卷调查的方式,调查学生对学校发展沿革的了解;

[①] 夏士雄为华中科技大学经济统计学专业2020级本科生。

最后根据数据分析出的结果,总结出相关结论,提出完善的建议。

(二) 调查方法

问卷调查法、访谈法。

三、调查的结果与分析

(一) 基本状况

华中科技大学由三所高校合并而成,分别为华中理工大学、同济医科大学和武汉城市建设学院。华中理工大学的前身是华中工学院。华中工学院汇集原湖南大学、武汉大学、南昌大学、广西大学的机械系全部和电机系的电力部分、华南工学院机械系的动力部分和电机系的电力部分,以及这些院校的部分基础课教师和设备为建校基础,开启高起点建设多科性工业大学之路。华中工学院为适应国家经济建设急需专业人才的现实应运而生,作为在共和国旗帜下成长的院校,"华工"凭其对祖国科技发展的杰出贡献,曾在老一辈人的口中享誉盛名。1960年10月,华中工学院被批准成为全国重点建设高等学校。1988年1月,华中工学院更名为"华中理工大学"。①

同济医科大学最早起源于1907年德国人埃利希·宝隆在上海创建的德文医学堂;1908年,更名为同济德文医学堂;1927年,更名为国立同济大学医学院。考虑中部地区人口众多,医疗救治条件落后,1950年2月,中央作出同济大学医学院及其附属医院整体内迁武汉的决定。1951年9月,同济大学医学院内迁武汉,并与武汉大学医学院合并,组建中南同济医学院。1955年8月,更名为武汉医学院。1985年7月,更名为同济医科大学,学校逐渐从单一的医学院发展为一所综合性的医科大学。②

武汉城市建设学院的前身是中南建筑工程学校。新中国成立伊始,急需一大批城市建设专业人才,1952年8月,中南军政委员会决定以中南地区六所工程学校的土木市政专业为基础,选址武昌马房山,合并组建中南建筑工程学校。1960年1月,学校更名为武汉城市建设学院,是新中国第一所城市建设高等学校。历经时代变迁,伴随对城市建设意义的认识回归理性,1981年,国家城市建设总局决定新址新建,组建新的武汉城市建设学院。③

---

① 见华中科技大学官网,https://www.hust.edu.cn/xxgk/lsyg.htm。
② 见华中科技大学官网,https://www.hust.edu.cn/xxgk/lsyg.htm。
③ 见华中科技大学官网,https://www.hust.edu.cn/xxgk/lsyg.htm。

华中科技大学原三所学校既传承了优良办学传统,又体现了与新中国同呼吸共命运、与共和国同频共振的红色基因,历经中国高等教育战线的两次大调整,见证了中国高教事业的两次大发展,被誉为"新中国高等教育发展的缩影"。

华中科技大学(简称华中大)是一所工科和医科实力强劲,其他学科全面发展的综合性高校。华中大学子秉承"学在华中大"的美誉,用自己探索未知的热情、刻苦钻研的本领,获得数不尽的优秀科研成果,在各行各业里发光发热,用行动将论文写在祖国大地上。

在脱贫攻坚方面,华中科技大学规划扶贫团队为乡村"量身定制"转型升级新路,助力脱贫攻坚。2016 年,在华中科技大学对云南临沧精准扶贫的开篇之年,华中大建规学院即在学校的统一部署下,通过整合城乡规划、建筑学、风景园林和环境艺术等学科资源,率先针对临沧市临翔区两乡两村开展村庄规划建设和文化环境生态环境保护工作,为当地的脱贫攻坚工作送上"及时雨"。建规学院规划工作团队先后 5 次深入 5 个乡 12 个村调研,因地制宜地为 5 个乡 2 个村分别编制完成生态型、实效型、发展型和特色型乡村建设规划。同时指导当地修复生态系统,保护有民族特色的古建筑村落,加速当地棚户区改造,实施安居工程,建设"小而美""小而宜居"的特色城镇。2017 年,该项目获评第二届教育部直属高校精准扶贫精准脱贫十大典型项目。[1]

在各类大学生创新创业大赛中,华中大学子屡次斩获佳绩。在 2020 年 11 月 19 日结束的第六届中国国际"互联网+"大学生创新创业大赛全国总决赛中,华中科技大学参赛团队再创佳绩,金奖总数并列全国高校第四,位列湖北省第一。华中大青年红色筑梦之旅赛道参赛项目全部获得金奖,取得历史最好成绩。其中,"AI 无界——新冠肺炎 AI 辅助诊断助力全球抗疫"获得红旅赛道公益组第一。华中大再次获得"青年红色筑梦之旅"活动先进集体奖。[2] 在同年 11 月 28 日的第十二届"挑战杯"中国大学生创业计划竞赛终审决赛中,华中大参赛团队再创佳绩,荣获 4 金 3 银 1 铜,以金奖数并列全国高校第三、总分全国第五、湖北省第一的成绩捧得大赛"优胜杯"。数不清的优秀华中大学子在各个舞台上展露自己的才华,向祖国展现当代青年大学生之才学风貌。[3]

从华中大走出来的杰出校友,更是让我们领略华中大人扎实的本领才干以及在各行各业所作的辉煌贡献。在 2020 年突如其来的全球性灾难——新冠疫情席卷中华大地时,华中科技大学第一时间响应国家防疫需求,在武汉市乃至

---

[1] 见《"量身定制"转型新路,华中大这个团队真走心!》,华中科技大学微信公众号,2020-09-28。
[2] 见《3 金 1 银 2 铜!第六届"互联网+"华中大学子再创佳绩》,华中科技大学微信公众号,2020-11-23。
[3] 见《4 金 3 银 1 铜!金奖数并列全国高校第三,总分全国第五,华中大学子捧回"优胜杯"》,华中科技大学微信公众号,2020-12-02。

全国的各个角落,都能看见华中大人抗击疫情的身影。其中1981级校友张定宇,时任武汉金银潭医院院长,在明知自己身患渐冻症的情况下冲锋在前,身先士卒,团结带领全院干部职工夜以继日战斗在抗击疫情最前线。2020年8月11日,张定宇被授予"人民英雄"国家荣誉称号。2021年2月17日,张定宇被评为"感动中国2020年度人物"。① 校友、"中国肝胆外科之父"吴孟超院士的传奇一生感动了无数人,回国、学医、参军、入党,吴孟超的一生犹如一曲壮美的乐章,将青春和生命融于祖国的山河。"我最大的幸福就是倒在手术台上。"——这句话吴孟超说了很多年。从1963年首次突破"中肝叶"手术禁区后,吴孟超一直坚持做手术,直到2019年,97岁高龄才告别手术台。在无影灯下,吴孟超握紧16000多名肝胆患者的手,带领他们走向重生。② 中国经济学一代宗师张培刚,是华中科技大学经济学院原名誉院长兼经济发展研究中心主任、教授、博士生导师。张培刚在近80年的学术生涯中,对我国乃至世界的经济学作出了杰出贡献。他创立了系统的农业国工业化理论,为发展经济学的诞生奠定了理论基础;提出了建立新型发展经济学的理论构想,为发展经济学在当代的新发展指明了方向;率先倡导并推动现代市场经济学在我国的引进和普及,为社会主义市场经济理论的提出起到了重要的先导作用。他在经济学领域获得的成就已在国际经济学界熠熠生辉,他的英名将永载经济学的史册。③

这些与华中大有关的故事会在校史馆讲述给一代代人,会在广大师生以及各界校友们的口中化成美谈,会在学界流传为一段佳话。而身为华中大的一员,我们在校大学生是华中大最年轻的血液,了解我校历史,体会我校特有的人文精神,才能领悟我们身为华中大人的使命。

(二) 调查数据分析

本次发放线下调查问卷55份,回收有效问卷52份,而网上问卷共收到347份,笔者分别对每个问题的调查结果进行深入分析,并得出了相应结论。

问题1:您了解学校的发展沿革吗?

我们的问卷旨在调查学生对学校的发展沿革的了解,根据同学们的反馈(图1),超过半数的同学只知道学校建校时间等基本概念,只有极少数同学能较准确地说出几个发展阶段。这在一定程度上说明,对于学校的发展沿革,大部分同学不了解或了解不多,可见校史知识的普及应该尽快提上日程。

---

① 见 https://baikE.so.com/doc/5143904-30563621.html。
② 见《哀悼!华中科技大学杰出校友、"中国肝胆外科之父"吴孟超院士逝世》,华中科技大学微信公众号,2021-05-22。
③ 见《今天,以他命名的重量级奖项将在华中大颁发!》,华中科技大学微信公众号,2020-10-31。

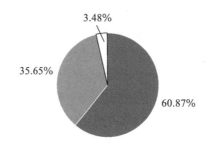

■ A.只知道学校建校时间等基本概念
■ B.看过历史沿革的介绍,大概了解学校发展过程
□ C.能较准确地说出几个发展阶段

图 1　学校发展沿革的调查结果

问题 2:您认为大学生是否有必要了解本校的历史?

由数据图(图 2)可以发现,同学们对是否需要了解本校历史表现出了极大的认同感,超过半数的同学认为了解本校历史很有必要且这应当是基本常识。近 1/4 的同学认为对学校历史的了解程度应视内容而定,只需要了解其中的重要部分即可。

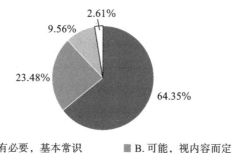

■ A.有必要,基本常识　　■ B.可能,视内容而定
■ C.不要求,看个人情况而定　□ D.没必要

图 2　了解校史的调查结果

问题 3:以下几个华中大的部分重大事件节点,其中您清楚了解的有哪些?(多选)

与问题 1 合并来看,同学们对我校重大历史事件还是"不了解"居多,约占一半(图 3),这进一步体现了校史普及的必要性与紧迫性。

问题 4:请问您知道的杰出校友有几位?

由统计数据(图 4)知,绝大部分同学对于杰出校友的了解程度不深,超过 70% 的同学只了解 1~5 位杰出校友,了解 10 位以上杰出校友的同学更是寥寥无几。由此可见,我校对于杰出校友的宣传力度还有待提高,要让更多的同学知晓杰出校友,了解他们的事迹,学习他们的精神,以他们为榜样,让杰出校友

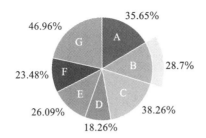

A. 1952年,华中工学院成立。
B. 1988年1月,更名为华中理工大学。
C. 2000年5月26日,同济医科大学、武汉城市建设学院与华中理工大学合并,组建华中科技大学。
D. 2006年,首批入选国家"111计划"。
E. 2017年9月,入选国家"双一流"建设高校,进入世界一流大学建设高校A类行列。
F. 2021年5月,获批教育部首批未来技术学院。
G. 都不了解。

图 3　华中大重大事件节点的调查结果

成为我们华中大学子学习生活中前行的灯塔。

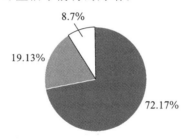

图 4　杰出校友的调查结果

问题5:以下是我校部分杰出校友,其中您了解的有哪几位?(多选)

由数据图(图5)不难看出,在改革开放之后毕业于我校的杰出校友在同学中的知名度较高,比如著名网球女子单打世界冠军李娜、华为孟晚舟等。

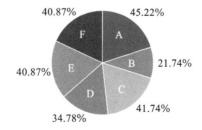

A. "肝胆外科之父"吴孟超　　　　B. "杰出教育家"朱九思
C. "华为CFO"孟晚舟　　　　　　D. "微信之父"张小龙
E. "亚洲第一位网球女子单打世界冠军"李娜
F. 都不了解

图 5　几位校友的调查结果

问题6:以下与校园风物有关的事件,您了解过的有哪些?(多选)

由数据图(图6)可以看出同学们对校内著名的建筑和地点的了解程度不深,有接近半数的同学对包括西七舍、露天电影场、老机械厂、南一楼等在内的建筑不太了解。

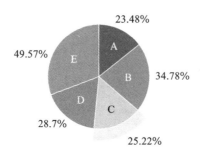

A. 西七舍:2014年被列入武汉市第八批优秀历史建筑目录保护名单。
B. 露天电影场。
C. 老机械厂:位于主校区中轴线,地理位置极佳,以前是学生的实习工厂,后被改造成校史馆。
D. 南一楼:与前方高耸的毛主席像相呼应,风格鲜明的苏联式建筑,庄严质朴,历经50载沧桑,见证我校从华中工学院到华中科技大学的发展。
E. 都不了解。

图6 校园风物的调查结果

问题7:您是通过什么途径了解我校相关资讯的?(多选)

数据图(图7)显示,我校学生现今了解学校资讯最主要的途径就是抖音、B站等短视频平台。F选项占比最大,甚至约是第二名(A选项)的两倍,这在一定程度上说明在新媒体盛行的大环境下,我们要改变以往传统的如学校办刊等

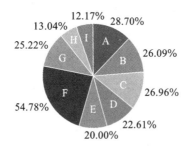

A. 参观校史馆
B. 学校官方微博、微信公众号
C. 学校官方网站
D. 学生团队自主运营的公众号
E. 辅导员转告
F. 抖音、B站等自制创意短视频平台
G. 新闻媒体报道
H. 学校报纸、刊物
I. 其他

图7 了解学校资讯的调查结果

宣传模式,用新潮的技术包装校史、用流行的方式普及校史、用大家喜闻乐见的形式输出校史,真正让校史渗透到大家的日常生活中。比如 B 站 UP 主罗翔借助 B 站这个受年轻人追捧的网站,虽然采用娱乐的模式,但输出的仍是最硬核的法学知识。我们也可以借着新媒体的东风,激发大家对校史的兴趣,深化大家对校史的认识,让校史知识深入每一位华中大学子的内心。其次,学校官方网站、微博、公众号也起到了举足轻重的作用,占比均高达 20% 以上。

问题 8:您如何理解校史对于大学生的意义?

虽然绝大多数同学对这个问题都回答得比较简单,但是我们也很惊喜地收到了一些启发性的回答(表 1)。这些真知灼见对于我们获得最终的结论以及提出一些相应的建议起到了很大的作用。例如有 7 位同学提到,学习校史能够"帮助大学生了解学校兴衰,让学生增强对母校的自信心与自豪感";有 1 位同学提到,"校史是对一所学校发展轨迹的真实记录……记载着学校创建、发展、壮大的历程,是大学办学特色和大学精神的重要体现,对创建高水平大学具有重要意义"。

表 1　校史对于大学生的意义的调查结果

9月1日 22:35	深刻了解校史,理解学校当下与未来的发展;培养母校自豪感、自信心	查看答卷
9月1日 22:59	帮助大学生了解学校兴衰,让学生增强对母校的自信心与自豪感	查看答卷
9月2日 18:15	校史是对一所学校发展轨迹的真实记录,是指记录学校建立、发展和变迁的过程的文献资料。高校校史是地方史和教育史的重要组成部分,是高校校园文化建设的重要内容,具有"留史、资政、育人"的重要作用。一部科学、真实、系统的校史,记载着学校创建、发展、壮大的历程,是大学办学特色和大学精神的重要体现,对创建高水平大学具有重要意义	查看答卷

另外,有 8 位同学提到,学习校史、了解学校历史上曾经出现过的杰出校友和重大事件能够促进学生对学校的认同。诚然,通过实地走访和调研,我们发现校史对大学生价值认同有积极的促进作用。校史与大学生的相关性使其在吸引大学生的注意力、增加感性认知方面具有巨大优势。校史中特定的历史背景、详细的事件经过、具体人物的心路历程和成长轨迹为我们提供了丰富的信

息,可以促进理性认同的形成。研究者认为,应当把教育内容的情感因素和受众的情感体验结合起来,激发受众对教育内容产生积极的情感体验。校史是一个跨时空的无数人物事件的集合,充满了个别的、鲜活的事物。校史中的思想不是抽象的、刻板的,而是具体人物的思考和言行所体现的。前辈、师长、校友对民族命运的忧虑、对人民苦难的痛心、对理想的执着、对责任的坚守、对事业的热爱在校史中生动地重现,让我们大学生更容易感同身受,在潜移默化中完成共同价值的内化。价值认同和情感认同进一步促进行为认同。校史中的具体人物和事例,为我们大学生践行共同价值提供了光辉的榜样,拉近了学校共同价值与我们大学生的距离,让我们发现践行共同价值的最好形式便是做好学生的本职工作,可以是努力学习、掌握本领,可以是积极参加社会实践和志愿服务,可以是开展相关课题研究,从身边的小事做起,在言谈举止中实现价值的外化。

(三) 结论和建议

1. 将校史人物作为思政课素材

引用校史中的人物事件作为思想政治理论课案例讨论的素材,可以引导大学生展开思考,使抽象理论变得生动具体,帮助学生深刻理解。这样做既可以避免机械化、教条化的说教式宣讲,结合具体实际的身边案例,实事求是,注重实效,让学生在无形中感知思政教育的温度,达到思政教育的隐形效果,又可以激发大学生学习和践行社会主义核心价值体系的动力。

2. 选取校史中的人物为教育实践活动的学习对象,发挥日常教育的主阵地作用

在日常思想政治教育中,教育者可以根据大学生的特点,针对学生存在的具体问题,通过思想辅导、管理、服务以及主题活动,比如参观我校的校史陈列馆,开展校史人物的主题讲座并实地考察他们当时的科研或生活环境,实现立德树人的目标,强化社会主义核心价值观。

3. 加强校史教育的新媒体推广

通过微信、抖音、哔哩哔哩等平台进行推广,使校史的教育功能得到更加充分的发挥。正如我们在上面调查结果中提到的,问卷显示多数学生获得学校资讯的途径是短视频平台,新媒体的日益盛行给我们的校史文化普及搭建了一个良好的平台。以年轻人喜欢的方式,以当下流行的形式包装硬核的校史知识,让学生们在娱乐中也能学到不少校史知识。

附件1:调查问卷

1. 您了解学校的发展沿革吗?

   A. 只知道学校建校时间等基本概念

   B. 看过历史沿革的介绍,大概了解学校发展过程

   C. 能较准确地说出几个发展阶段

2. 您认为大学生是否有必要了解本校的历史?

   A. 有必要,基本常识

   B. 可能,视内容而定

   C. 不要求,看个人情况而定

   D. 没必要

3. 以下几个华中大的部分重大事件节点,其中您清楚了解的有哪些?(多选)

   A. 1952年,华中工学院成立。

   B. 1988年1月,更名为华中理工大学。

   C. 2000年5月26日,同济医科大学、武汉城市建设学院与华中理工大学合并,组建华中科技大学。

   D. 2006年,首批入选国家"111计划"。

   E. 2017年9月,入选国家"双一流"建设高校,进入世界一流大学建设高校A类行列。

   F. 2021年5月,获批教育部首批未来技术学院。

   G. 都不了解。

4. 请问您知道的杰出校友有几位?

   A. 1~5位

   B. 6~10位

   C. 10位以上

5. 以下是我校部分杰出校友,其中您了解的有哪几位?(多选)

   A. "肝胆外科之父"吴孟超

   B. "杰出教育家"朱九思

   C. "华为CFO"孟晚舟

   D. "微信之父"张小龙

   E. "亚洲第一位网球女子单打世界冠军"李娜

   F. 都不了解

6. 以下与校园风物有关的事件,您了解过的有哪些?(多选)

   A. 西七舍:2014年被列入武汉市第八批优秀历史建筑目录保护名单

B. 露天电影场。

C. 老机械厂：位于主校区中轴线，地理位置极佳，以前是学生的实习工厂，后被改造成校史馆。

D. 南一楼：与前方高耸的毛主席像相呼应，风格鲜明的苏联式建筑，庄严质朴，历经50载沧桑，见证我校从华中工学院到华中科技大学的发展。

E. 都不了解。

7. 您是通过什么途径了解我校相关资讯的？（多选）

A. 参观校史馆

B. 学校官方微博、微信公众号

C. 学校官方网站

D. 学生团队自主运营的公众号

E. 辅导员转告

F. 抖音、B站等自制创意短视频平台

G. 新闻媒体报道

H. 学校报纸、刊物

I. 其他

8. 您如何理解校史对于大学生的意义？

"溯历史之流光　予喻园以新声"
——挖掘历史情感,讲好华中大故事主题采访

李存博　兰胜杰　王梦迪①

一、调查背景与目的

华中科技大学广播台又称"喻园广播",成立于1954年。它伴随着华中大的成长而成长,发展成为如今覆盖面积7000余亩、拥有听众7万余人的新型数字化校园媒体,并培养出了一批如喻世友、巴曙松等杰出的台友。2022年迎来华中科技大学70周年校庆,我们作为华中大学子,同时作为华中大"广播人",渴望为母校70周年华诞献礼。以"喻广人"的身份,探寻喻家山下的声音情缘,讲好喻园广播的故事,更好地助力学校"双一流"建设和"卓越华中大"建设,讲好华中大故事,传递华中大声音。

开展本次活动的目的在于对华中科技大学喻园之声广播台的历史进行调查整理,为广播台整理出一份较为详尽的历史记录,并从中深入挖掘华中大广播台、华中大广播人的故事,期望最终以独具特色的广播节目等形式展示实践成果。本次活动希望以华中大广播台为切入点,利用广播双向沟通、信息传递的媒体特点,讲好华中大故事、弘扬华中大精神,为华中科技大学文化建设贡献力量。

二、调查的内容与方法

(一) 调查内容

在本次社会实践的调查过程中,笔者以"讲好华中大故事,传递华中大声音"为主题,采用参与式观察、非结构式访谈与个案研究结合的方法,由在校广播台成员深入广播台日常,挖掘华中科技大学及广播台的发展历程,跨越近40

---

① 李存博、兰胜杰、王梦迪均为华中科技大学测控技术与仪器专业2020级本科生。

年时光,采访建校以来的各级台友,收集、整理历史资料,转化成推文的成果,并且深度挖掘与广播台及华中大历史、精神相关的采访内容。最后,以调查结果为依据,对广播台的发展提出建议。

(二)调查方法

观察法、访谈法、个案分析法。

三、调查的结果与分析

(一)基本状况

2021年7月7日,在整理库房的过程中,笔者发现许多充满年代感的老物件、老设备,例如开盘录音机、盒式录音机、电子管功放、留声机等。通过询问驻台付老师和其他前辈了解到它们背后的故事。7月7—9日,对老物件进行影像记录,为它们制作专属名片,库房成了它们的小小展览馆。7月24日—8月16日,通过线上采访,与老台友们的交流中,进一步了解到这些老设备的功能作用,以及它们背后的故事,最后以推文形式总结了整理的过程和老设备的功能用途,获得了较好的反响与传播效果。

(二)主要调查成果

1. 广播台发展历史概况

1)台址

从建台初至20世纪90年代末,广播台位于南一楼顶层最东侧。进去的第一个房间,是编辑室和活动室,房间很宽敞,正中间有一张大桌子,用于平时开会和编辑撰写稿件,值班的时候也可以用来自习;面向北有四个房间,从东至西依次是卫生间、两个驻台人员宿舍和播音间;活动室和播音间的西边是主控室,用于存放广播台的功放设备和主控台;播音间与主控室之间有一块透明隔声玻璃。2000年,广播台从南一楼迁移到如今的新闻中心五楼,虽然房间变得狭小,条件似乎没有以前好,但轻松和温馨的氛围一直未曾改变。

2)部门

21世纪之前,广播台主要有四个部门,分别是中文播音部、编辑部、记者团、机务处。除了记者团,其他三个部门是从建台开始直到今天一直存在的部门。

中文播音部负责日常节目和新闻的录制与剪辑,以及通过广播传达学校的临时通知;编辑部负责平时节目和新闻稿件的撰写;记者团平时不参与广播节目的制作,且他们很少来台,因为有自己独立的工作,所以后来从广播台独立出去了;机务处当时只有三位工作人员——付老师、校团委绍丽霞老师和驻台的熊建山老师,他们负责技术维护和平时节目的播出。

21世纪初,随着新媒体日益发展,广播台增加了英文播音部、新闻评论部。后来随着微信公众号和网络电台的流行,出现了运营与设计部,主要管理广播台在网络上的宣传、日常招新宣传以及广播台周边设计。近两年,新闻评论部被解散,并将主持人队伍划归广播台管理。

3)节目

从建台初到1976年前,广播台作为主要的媒体宣传渠道,节目的主要内容为政治类和新闻类。

到20世纪80年代初,节目开始多样化、创新化,各类节目如雨后春笋般焕发出生机。文学类节目会播出巴金、余秋雨等作家的作品;音乐欣赏类节目有"每日一歌",播放交响乐,如德沃夏克的《念故乡》;科普知识类节目介绍过人工智能,旨在打开视野,前瞻未来;校园采风类节目接收各个系的记者投稿,内容主要是好人好事、举办活动的各种报道等。

播出方式分为直播和录播,新闻和节目有直播,但大部分是录播。每天凌晨两三点录新闻,经过审查,四五点放广播,重要的内容第二天中午还会重播。直播的内容一般是临时的通知,比如放电影的通知等。早晨的新闻是转播的,广播台在下午大家锻炼身体、吃饭的时间播放的声音是响彻全校的,播放的内容比较自由。

直到今天,喻园广播从周一至周五每天早、中、晚,面向全校师生员工广播,全天播音时间大约三小时。日常节目包括《喻园晨风》《喻园晚间新闻》《英语新闻》《落音缤纷》《光影记忆》《时光旅行》《喻园小剧场》《不亦乐乎》《风中情缘》及 Eyes on You 等。

4)活动

除日常节目播出之外,广播台还经常举行一些大型活动,例如20世纪80年代的诗会,21世纪第一个十年的大型广播文艺晚会,以及《风中情缘》户外点歌直播等。

(1)"蓝色的爱"诗歌音乐欣赏会。1982级、1983级前后的成员流失导致播音人员极度缺失,当时杨磊台长在台,大家便一起策划了诗歌音乐欣赏会,借此来宣传广播台,吸引广大学生前来参与。当时盛行理查德·克莱德曼的音乐,而广播台的音乐比较齐全,于是结合广播台特色,将音乐和朗诵诗相结合,以大型诗会的形式举办。据老台友描述,这在那个年代反响非常强烈,大家参与也都非常积极,每次组织,阶梯教室每一场都是爆满的,连窗台上、门口、门外面、窗户外面都有人。"蓝色的爱"诗歌朗诵会,一般是一个学期一次或者一年一次,由编辑去组织稿件、组织诗歌,播音员负责朗诵,机务处负责安排所有的设备、音响,大家积极配合,令人印象非常深刻。

(2)"走出去"的集体活动。每年台里会组织去黄山、九华山等地旅行,浏览风景名胜,增进友谊,这些都是由台里的学生自发组织的,用大家积攒的补贴费作为出行游玩的费用。去过武汉人民广播电台,请那些很知名的编辑和播音员来做讲解、辅导;去过武汉市的一个少管所,跟他们交流、送温暖。不光是广播台,有些班级、班委会通过勤工俭学拿钱来带大家一起出去游玩。这是当时华工的传统,不是精致利己,而是淳朴利他的氛围。

(3)重温"蓝色的爱"周庄诗会。在老台友的微信群刚建不久,大家组织了一个活动,到周庄探访,重温"蓝色的爱"诗会。当时拍摄了很多很棒的照片,通过照片就能看出台友们团结一致的原因,能从四面八方聚在一起再做一次诗歌朗诵会,"一切尽在不言中"。在广播台里结识的友谊,持续了好多年,通过声音结识友谊,也是广播台独特的地方,听过一个人的声音,记住了,几十年后见到人,"原来这个声音来自这样一个人"。

(4)围城广播剧。2015年5月,国内的校友举行了一次周庄诗会,给北美的台友一个提示——在北美弄一次类似的活动,于是提议在白山做一次雅集,波士顿人多景美,十几个台友一同到场,大家当年的风范还都在,就在那时提起来当年未完成的遗憾,于是萌生了再做一次广播剧的想法。高雅学姐负责编辑、分配台词和指导感情调动,把控前期的质量;单东旭学长负责音质调整、技术指导、后期剪辑、加音效,要求尽量用同样的录音设备。世界各地的台友们都来参加,从1979级到2000级都有,跨度很大,人很多,即使没有在同一个地方,对戏的效果也很好。最初制作一集需要两个月,后来有其他台友来帮忙做后期,开设了一个云盘。从2015年开始,做了差不多两年,做到第十集,只可惜后来因为版权问题云盘被下架了。

(5)"喻园之声"大型广播文艺晚会。2009年,第一届"喻园之声"大型广播文艺晚会在华中科技大学韵苑体育馆上演,标志着喻园广播在华中大的影响力再一次提升。该晚会一年一届延续下来了。晚会节目包括:开场、喻园广播主播叫台、话剧、中文配音、英文配音、音效剧、哑剧、音乐剧、诗歌朗诵、综艺类现场还原节目等。凭借着优秀的节目质量和良好的学生口碑,"喻园之声"品牌一年年带给华中大学子不一样的精彩和感动。此外,晚会还会邀请部分已经毕业的广播台老成员返回母校,共忆喻园广播的声音回忆。

2. 广播台历史发展的情感积淀

1)台训精神与校训精神

广播台作为华中科技大学的重要传播媒体,是校党委宣传部的下属机构之一。广播台的本职工作是为师生以及其他校内居民及时播报新闻，提供有质量、有内涵的广播节目，从而丰富师生的校园生活，达到将"华中大声音"传播到校园的效果。

在实践团队对 20 余名台友进行采访的过程中，我们发现了一个重要的共同点：无论是作为主播还是编辑，每一位台友都非常享受制作广播节目的过程，每一位台友都愿意在这份工作上注入时间与心血。

在对 1977 级李群前辈的采访中，实践团队了解到，在 1977 年恢复高考后的那几年，在驻台老师熊建山、团委指导老师邵丽霞以及台长喻世友的带领下，一批优秀的大学生在广播台里认真工作。每天播报由学生记者及编辑整理的新闻稿件，力保不出错误。正如李群前辈所说："广播台直属校党委宣传部，是学校的'喉舌'，在广播台工作是很光荣的。"于是，广播台成员们也都在尽心尽力做节目，用实际行动证明着这份光荣是不会被辜负的。除了新闻，当时的广播台还有音乐节目、诗歌节目、科普类节目，为当时的师生提供了一份必不可少的精神食粮，如李群前辈回忆到的，"但凡是广播台出品的节目，学生们都是日日守着喇叭听的"。

华中科技大学"喻园之声"广播台的台训是"严谨、团结、合作、创新"，实践团队在 2021 年 7 月、8 月这两个月与老台友们的交流中，无时无刻不感受到这种台训精神。台友们认真负责、团结友爱、努力创新，这样的精神一直延续至今。在现在这个校园广播渐渐没落的时代，广播台的成员们依旧坚守初心，依旧认真对待着每一个新闻与节目，同时拓展思路、力求创作出更多符合时代正方向并且受师生喜爱的新节目。

广播台台训归根结底是源自华中科技大学的校训——"明德厚学、求是创新"。校园广播台是我们社会实践团队调研华中大校史、挖掘华中大故事的一个微缩窗口。华中大广播台人用心做节目的故事，实际上可以说就是全体华中大学子用心学习、认真科研，全体华中大人用心工作、用心为社会进步付出的一个微观投影。

2）归属感与凝聚力

在实践团队对台友进行采访的过程中，我们多次感受到了来自台友们之间的一种坚定的信任与支持。

实践团队最初决定进行此次社会实践并与往届台友取得联系时，就得到了来自 1977 级至今各届台友的支持，来自全球各地的台友为我们提供了当时的音频、照片等珍贵资料，并表示有任何需要帮助的地方都可以提出来。

在对 1981 级单东旭前辈的采访中，他提到了一件让我们备受感动的往事：2009 年，单东旭前辈从美国回到香港，一位同是 1981 级的香港台友邀请他到家里住下，直接给了他自家家门钥匙并塞给他一堆港币。令人动容的是，此时二人已经数十年没有见面了,但两人之间的信任依旧如初,没有消减半分。

当时对单东旭前辈的采访,还有1980级台长赵志强、1982级编辑组组长高雅同时参与。三位前辈目前都在美国波士顿,当天是三家人聚餐结束后与我们线上连线接受采访的。单东旭前辈提到,他们三个人的友谊延续了40年,到现在已经发展成了三个家庭之间的情谊——"我们三人到对方家里去就像回自己家一样,不会有丝毫的拘束"。

类似于这样的台友们之间的深厚情谊,在此次社会实践的过程中我们体会颇深。而至于为什么会有这样的情感羁绊存在着,我们作出了以下思考:广播台是一个氛围十分自由且温馨的地方,大家在广播台里有着同样的热爱,并且没有任何的利益纠葛。这种感情是最为纯粹的,所以在这样的环境中更容易产生信任感,并且这种情谊与信任,是经得起时间的考验的。同时,正因为广播台历经数十年发展,像家一样的宗旨没有改变,于是各届台友对广播台都有着一种强烈的归属感。对一个地方产生归属感,必然是因为在这个地方有着美好的记忆、有着影响自己人生的经历。每一位华中大学子,在华中大生活学习的几年时光里,都有着自己的同学、老师,都加入了或多或少的学生组织与社团,都有着属于自己与华中大的记忆,从而产生了对华中大的归属感,这些增强了华中大的凝聚力。这种归属感与凝聚力,无论是在过去或是现在抑或是将来,都是推动华中大向前发展的强大精神动力!

(三) 结论和建议

1. 内容侧

(1) 添加专业的内容,走近学术。在工科底蕴比较深厚的华中大,我们的科学技术研究是走在前列的,可以考虑将这些前沿的成果通过广播台这个平台传递给大家。广播台是一个非常好的窗口,作为桥梁,连接教授们、院士们与大学生,把最先进的东西传递给他们,对迷茫的大学生在未来的职业选择方面加以指引。同时,也可以通过各院系的记者,获得一些工作反馈。这是一个体系性的工作,需要提前架设好。

(2) 增添人文底蕴。补充我们的人文底蕴和活力,补充历史文化、文学艺术等内容,以丰富大家的业余生活、精神世界,提高个人素养。

(3) 从学生的角度,增添趣味性与吸引力。丰富广播台节目的形式与内容,创作出校园师生喜闻乐见的新节目。以目前广播台英语播音组为例,如果把英语内容做成一种既好玩又易学的节目,就可能让大家更爱收听。例如用英语讲一段故事,讲完以后用汉语再讲一遍,甚至用武汉话讲一遍,这样就会更吸引人。

2. 宣传侧

为适应新媒体的发展,进一步利用新媒体扩大广播台的受众范围。我们可以利用好网易云电台、喜马拉雅电台、微信公众号等网络平台,做成一个个专辑系列,节目时间不要太长,十多分钟为佳,同时要有内容,让人听过就觉得有收获。以精彩片段节选的形式吸引听众去网上搜索完整系列来听,也可以将本次活动中制作的节目作为广告。

3. 自我认知侧

(1) 不忘初心。面临实际听众少的现状,会有一部分同学认为自己的节目无人听,努力缺少意义。广播台人应不忘初心,应保持一种对广播的历史使命感与自豪感;放平心态,认识到能引起共鸣的节目就是有意义的。

(2) 创作有内容有质量的广播节目。无论听众多与少,作为华中大广播台人,都应该保持一种坚定的责任感,不忘根本,坚持不懈地创作出更多质量上乘的优秀广播节目,增加文化底蕴。让广播台的内容生产与校园生活同频共振,更好地为凝聚华中大力量发声。

附件1:采访提纲

采访前言:

在华中科技大学即将迎来70周年校庆的历史节点上,作为新一届广播台人,怀着对广播与广播台的热爱,我们希望能够在这次短暂的暑期活动中寻找华中科技大学广播台台友,了解广播台的历史进程和感人故事,以延续老一辈精神,启迪未来广播台的发展,推动华中科技大学文化建设。

一、采访目的

1. 调查了解华中科技大学校史及广播台历史,整理出相对完善的历史记录;

2. 挖掘广播台、广播人的故事,延续喻广记忆,传承喻广精神;

3. 了解广播台发展历程,展望未来发展,整合宝贵意见,进一步扩大广播台的影响力。

二、采访时间及地点

2021年7—8月,地点待定。

三、采访对象

广播台指导老师、优秀台友。

(事前对采访对象有一定的了解,如对方是哪一届的学生、目前的工作、成就、经历等。)

四、采访形式

视采访对象的具体安排而定,尽量进行线下采访。
(要有录音及文字或者视频记录。)

五、问题设计(视采访对象酌情增减)

1. 首先想请您做一下简单的自我介绍(当年在哪个学院就读,哪一年加入广播台哪个部门……)

2. 当时为什么想要加入广播台呢?

3. 您印象中的广播台是什么样的?(当时的广播台主要有哪些部门?哪些节目?什么配置?录音间是什么样子的?广播台在学校又发挥着什么样的作用?能否回忆起呼台号、早训、节目片头的制作、节目主题的策划、新闻节目的制作过程?)

4. 您在广播台具体做些什么工作呢?有没有遇到过什么困难?

5. 可以谈一谈您记忆当中广播台发生的,或有趣、或感人、或印象深刻的故事吗?

6. 过了这么多年,曾经的台友们仍保持着联系,实在是难能可贵。您认为是什么将一届届广播台人联系在一起的?

7. 您认为在华中大广播台的这段经历给您带来了什么收获?

8. 毕业后有回母校/广播台参观吗?如果有,您认为母校/广播台有哪些变化?

9. 随着新兴媒体的迅速发展,校园广播作为传统声音媒介的地位和作用已远远不及当年,面对"实际听众越来越少"的困境,您有没有什么建议呢?

10. 可以给广播台年轻的后辈们一些祝福/建议吗?

11. 明年(2022年)是华中科技大学70周年校庆,我们想要制作一个祝福视频,请前辈按照以下格式对母校表达祝福:"我是××级台友×××,祝母校华中大70周年生日快乐!"

附件2:问卷调查报告

华中大广播知多少?——问卷调查报告

第1题 印象中你听到学校广播的频率是?[单选题]

选项	小计	比例
在学校每天几乎都会听到	105	44.49%
每周3~5次	59	25.00%

续表

选项	小计	比例
每周1~2次	25	10.59%
偶尔会注意听	41	17.37%
几乎从来没注意过学校广播	6	2.54%
本题有效填写人次	236	

注：比例为约数，总计不一定为100.00%，后同。

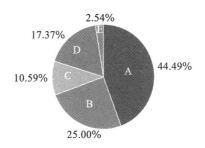

A.在学校每天几乎都会听到　　B.每周3~5次
C.每周1~2次　　　　　　　　D.偶尔会注意听
E.几乎从来没注意过学校广播

第2题　你更期待听到什么样的广播内容？[多选题]

选项	小计	比例
中、英文新闻（校内外、国内外）	87	36.86%
音乐点歌类节目	173	73.31%
精彩有趣的广播剧	47	19.92%
双人脱口秀	66	27.97%
校园采访，聚焦身边的生活	89	37.71%
电影、书籍、动漫推荐	88	37.29%
时事热点评论	87	36.86%
大学生深夜情感电台	82	34.75%
有声小说	36	15.25%
表白墙、树洞	102	43.22%
其他	2	0.85%
本题有效填写人次	236	

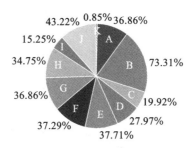

A.中、英文新闻（校内外、国内外） B.音乐点歌类节目
C.精彩有趣的广播剧 D.双人脱口秀
E.校园采访，聚焦身边的生活 F.电影、书籍、动漫推荐
G.时事热点评论 H.大学生深夜情感电台
I.有声小说 J.表白墙、树洞
K.其他

第3题 你更期待在哪些平台听见主播们的声音、了解"喻园之声"的故事？［多选题］

选项	小计	比例
东九的湖边、西十二的林间（校园广播喇叭）	191	80.93%
网易云音乐电台（搜索：华中科技大学广播台）	105	44.49%
微信公众号（搜索：喻园之声）	81	34.32%
QQ（2021639657，可以在"说说"评论点歌）	74	31.36%
哔哩哔哩	115	48.73%
微博	42	17.80%
本题有效填写人次	236	

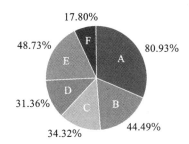

A.东九的湖边、西十二的林间（校园广播喇叭）
B.网易云音乐电台（搜索：华中科技大学广播台）
C.微信公众号（搜索：喻园之声）
D.QQ（2021639657，可以在"说说"评论点歌）
E.哔哩哔哩
F.微博

第五部分 生态建设专题

乡村生态治理：主要做法、成效与对策建议
——基于湖北省武汉市东西湖区的调查

曹瑜　刘建胜　熊晨阳[①]

一、调查背景与目的

　　新中国成立以来，中国共产党带领人民持续向贫困宣战。经过改革开放以来的努力，成功走出了一条中国特色扶贫开发道路，使7亿多农村贫困人口成功脱贫，为全面建成小康社会打下了坚实基础。中国成为世界上减贫人口最多的国家，也是世界上率先完成联合国千年发展目标的国家。为全面建成小康社会，中央打响了脱贫攻坚最后的战斗。截至2020年11月23日，832个国家级贫困县全部脱贫摘帽，我国脱贫攻坚战取得了全面胜利。2021年2月21日，中央一号文件正式出炉，主题是"全面推进乡村振兴　加快农业农村现代化"，既要巩固已经实现的全面建成小康社会、第一个百年奋斗目标，又要乘势而上开启全面建设社会主义现代化国家新征程，向第二个百年奋斗目标进军。

　　笔者通过在村庄深入走访调查，学习到脱贫攻坚的先进经验、了解人民群众在脱贫攻坚中生活的改变与不足，总结经验教训，塑造自我奉献社会、积极实践的正确价值观。与此同时，我们要借助广泛有效的宣传，扩大传播我们的学习成果，让更多人贡献自己的力量，进一步凝聚团结奋斗的强大合力，巩固脱贫成果。

二、调查的内容与方法

（一）调查内容

　　笔者围绕"生态治理实践"的主题展开调研，前往武汉市东西湖区群力大队、旭东大队和五四大队进行实地考察，了解各个大队所在村庄的经济、产业状

[①] 曹瑜、刘建胜、熊晨阳均为华中科技大学电气工程及其自动化专业2020级本科生。

况,了解当地的风土人情,感受当地美丽乡村的建设程度,并且帮助当地的果农进行一定的宣传。最后总结各地的生态治理机制,提出相应的改善建议。

(二)调查方法

观察调查法、访谈法、文献分析法。

三、调查(实践)的结果与分析

(一)调查基本情况分析

1. 群力大队

作为东山街道的招牌,其乡村振兴工作为其他村庄探索出了丰富的经验。乡村振兴,产业先行。群力大队作为东山葡萄的重要产地,其充分利用了交通优势与农产品资源优势,带动附近相关产业发展。2020年首届葡萄节于群力大队的葡萄部落举办,丰富了东山葡萄文化的同时吸引市内外的游客前来参观品尝;发展以现代农业和民宿共享为主的共享农庄集聚区,提供"民宿+农地"休闲养生产品。以群力大队为载体,建成休闲农庄、农家乐、民宿、酒吧等。据了解,民宿日接待能力超过300人,餐饮一次性接待能力达1500人;寻找优质食品加工企业,研究设计葡萄产业加工系列产品工艺,推出葡萄系列产品——葡萄鲜果、葡萄果干、葡萄果汁、葡萄苏打水等。乡村振兴,生态为本。"既要金山银山,也要绿水青山。"群力大队的乡村振兴工作始终坚持习近平总书记提出的发展理念。大力推进农村村庄绿化,建设绿色、美丽新农村;对生活污水建设分散式污水处理装置,采取生态处理或连片集中收集的方式进行处理,实现污水就近独立处理,达标排放,解决污水收集处理问题;持续开展农村厕所革命,修建外表美观、内部洁净的公用厕所,切实满足村民与游客需求;实施农村垃圾分类,改善村庄巷道卫生;推进饮用水水源安全保障相关工作,持续优化村内人居环境。乡村振兴,文化是根。保留村内富有历史的建筑,在生态美中还带一丝古朴美;修建集聚村庄文化与历史的牌坊,让游客与后代能走进村庄的历史深处;与《湖北日报》建立合作关系,用镜头记录村庄几年来发展的点滴,向外界展示美丽乡村建设成果。

2. 旭东大队

旭东大队的美丽乡村建设紧跟群力大队的步伐,但别有一番特色。旭东大队党支部集思广益,通过走访、座谈等形式收集群众对美丽乡村建设的想法思路,让百姓描绘自己心中的美好家园,参与监督管理,做美丽乡村建设的主人翁。在项目实施过程中响应群众呼声,将杂草丛生的杉树林变身"草地剧场""风车长廊";将路边杂乱的松树林美化为"层林尽染";在水塘中修建木桥与凉亭,更添一番诗意,让蓝图成为现实。产业上,大队党支部注重培育本土企业,加大调研走访力度,掌握企业发展需求,精准制定服务清单,提供个性化、差异化的"一对一"帮办代办服务。引导老大姐酱料厂新增特色风干鱼产品线,协助富瑞祥农业生态公司做优"百果园"休闲采摘项目,支持华阳海威农业电商平台建设运营,鼓励辖区24家企业做大做强,为居民提供"家门口"的工作岗位。

3. 五四大队

群力大队与旭东大队各具特色,五四大队虽然难以追赶两位"大哥"的步伐,但也在自己探索出来的乡村振兴道路上努力前行。五四大队的交通较于前两者更为不便,发展乡村旅游业的条件暂未成熟,因此,花大成本建设美丽乡村在短期来看是不符合实际发展需要的。而五四大队稻田面积广阔,领导班子通过到各处学习,开阔视野,探索出了建设蟹稻共生基地的道路,合理利用土地资源与空间资源,在坚持生态美的同时又能利用蟹稻共生产业带动村民通过自己的勤劳双手走上致富之路。

从以上的分析中可以看出:东山街道虽地处武汉市郊区,但是在村干部的正确领导下,经过走访乡村振兴试点村、示范村,学习优秀经验,巧妙地利用自身资源优势发展出了具有东山特点的乡村振兴道路。东山街道几个代表村庄的共同点之一是生态宜居先行。通过美丽乡村建设,开展"清脏、治乱、增绿、控污",优化农村人居环境,使村民获得满足感的同时,又能起到吸引游客的作用。同时,产业兴不兴旺关系到农民"肚子饱不饱,腰包鼓不鼓",不能因为建设美丽乡村而因小失大。在产业上,东山各村庄因地制宜发展自己的特色产业,例如群力大队的葡萄果园、农庄,旭东大队的24家企业,五四大队的蟹稻共生基地等。农民有了赚钱致富之路,劳动积极性提高了,钱包也鼓起来了,脸上的笑容也愈加灿烂。

(二)主要做法和成效

1. 以产业带动生态治理

群力大队以互联网为驱动,推动当地葡萄种植业的发展,为了大力促进群力葡萄品牌的发展,当地村委会与众多电商平台达成合作,并入驻抖音平台,形成线上线下互动。开展野菜节、葡萄节及丰收节等大型活动,打造农副产品特色采摘零售点、摄影基地,开发集生态旅游、休闲观光、寓教于乐于一体的绿色阵地,吸引游客前来。群力大队通过葡萄种植这一产业带动当地的生态治理,成效显著。

2. 文化建设推进生态治理

东西湖区东山街道旭东大队作为当地有名的"美丽乡村",通过相应的文化政策措施的有效且持续地落实来推进当地的生态治理。旭东大队相关组织通过编撰突出乡村特色和地名特点的地方志,收集当地的传说、文化故事,将乡村中的文化最大限度地予以保留,并加强当地民众本身的文化自信,用乡风文明的向心力温暖人心,同时也更好地促进当地村民参与到乡村振兴的建设中去,使得生态与文化充分结合。而文化建设在另一方面也可以推动当地制度管理的力度,人人参与,帮扶到户,将上级的政策更加具体地安排到每一个人,使人人都有参与感,也有贡献感。在文化建设以及制度的高效执行下,旭东大队在生态治理方面的飞速发展,同时也进一步推进了当地旅游业的发展。

3. 党建引领生态治理

在实践调查中,我们深刻地体会到党员的力量在当地生态治理方面的引领作用。东山街道的党员参与是十分普遍的,各个大队的党支部会充分发挥当地的原有特点,再结合党员力量,使得居民在乡村振兴战略实施的过程中被合理安排,居民的自我治理意识和自我管理能力不断提高。党建穿插于整个治理过程,起到重要的引领作用。

综上所述,湖北省武汉市东西湖区东山街道的生态治理与当今飞速发展的时代能够充分结合,充分利用科技的力量,通过当地特色产业的发展,打响品牌,带动生态治理,同时也没有丢掉乡村振兴的根本——文化,将文化贯穿于生态治理的过程中,使得生态治理富有地域特色。而党员力量一直引领着政策的实施,完善了生态治理。

(三) 对策和建议

1. 关注农户需求

在发展产业的时候要关注到每一个农户的需求。因为尽管组织了统一的培训介绍,但是缺失了后续的学习成果的检验,可能仍然存在有农户没有完全掌握互联网技术的情况,所以建议后期组织相关人员前往每个果农的大棚或者家中了解其是否有相关的学习需求,以达到每家每户都能均衡地发展种植产业的效果,更好地促进生态治理。

2. 加强宣传

在文化建设的同时,建议加大宣传的力度,比如在村上设立相应的文化宣传点,将村庄的文化更加完整系统地展示给前来参观的游客,同时应该均衡设置便利店,否则将对治理过程中的资源调动造成影响。

黄山景区垃圾治理调研

何允晴[①]

一、调查背景与目的

通过对乡村垃圾治理的调研,我们能够全面地了解当前乡村生态环境治理模式的进步之处,同时能够通过与景区、城区的对比,发现其不足之处,为乡村生态环境治理提出建议。与当地垃圾治理相关的单位和个人的沟通、对村民访谈等形式,具有潜在的思想教育意义,能够帮助当地村民了解国家生态文明建设的战略思想,了解垃圾治理对于乡村振兴的重要性。

基于这个现实,笔者决定调研乡村垃圾治理的具体落实情况和垃圾治理的整条处理链,同时更加深入地了解优秀乡村垃圾治理的优势,以便向有关部门提出合理的改善意见,进一步推动全国乡村垃圾处理的实施,为推动健康中国作出贡献。

二、调查的内容与方法

(一)调查内容

笔者围绕"助力乡村振兴,垃圾治理先行"的主题展开调研,前往黄山景区,通过乡村的实地观察以及与相关管理人员的交流和访谈,明晰黄山景区的垃圾处理链条,对垃圾处理的前、中、后端的具体流程有了明确的认识。同时对垃圾处理优秀示范小区展开调研,总结其宝贵经验。最后笔者分析了垃圾处理对乡村治理的影响,对进一步改善垃圾处理的方式提出了对策和建议。

(二)调查方法

观察调查法、访谈法。

---

① 何允晴为华中科技大学生物信息专业 2020 级本科生。

三、调查的结果与分析

(一) 基本状况

本次社会实践笔者走访了黄山风景区、汤口镇政府、汤口镇芳村和冈村,以及建筑垃圾调配处理厂、餐厨垃圾处理厂、生活垃圾焚烧发电厂、中环洁公司和柏景雅居小区,并且对相关的负责人都进行了深入的访谈,了解到当前汤口镇已有比较成熟的垃圾处理链,这对于全国乡镇都有较大的借鉴意义。

(二) 主要做法和成效

1. 标准化的管理和作业

四个板块:一粗、二细、三扫、四找。"一粗"是指环卫工人粗捡路上较大的垃圾,保证路面上大致的整洁。"二细"是在环卫工人下山时细捡较小的如碎纸屑、瓜子壳等垃圾,保证更整洁的登山环境。"三扫"是指环卫工人在二次登山的路上清扫沿路的树叶树枝。"四找"是寻找路段两侧沟缝、草丛等隐蔽处的垃圾,有时还需要放绳工人清理悬崖旁、河流中的垃圾。

2. 合理举措,减量垃圾

近年来,黄山的游客总数不断增长,而垃圾的总量却趋于平稳,这背后离不开黄山优秀的治理策略。黄山实行禁止烧煤、禁止销售方便食品的策略有效减少了黄山上垃圾的二次污染。运往黄山上的食品也选择在山下进行去皮、洗净等一系列粗加工后再带上山,由此使得餐厨垃圾大大减少。更有山上简餐、推行光盘行动等一系列措施大大减少了黄山上垃圾的数量。

3. 景区垃圾的前端收集

全景区共 1700 个垃圾桶,环卫工人实行包干岗位责任制收集垃圾。在黄山上,每隔五十步左右就能看见垃圾池。在旅游的核心区域有四个收集点,在山下也有四个收集点。山上的是一级收集点,它有两个作用,其一是将一部分的餐厨垃圾进行微生物的处理,其二是将可回收的垃圾和粉碎的其他垃圾进行分类分拣。在山下的是二级收集点,其作用是实现人工装桶以及索道运输,通过密闭封装和袋装化实现无气味、无污染的目标。

4. 景区垃圾的中端运输

在垃圾下山项目中,黄山风景区探索实施了"分步启动、分散收集、统一下山"的工作模式,深化完善了"人工＋索道＋车辆"的运输模式,优化提升了"分类运输、分时运输、分线运输"的应急预案,推行"干湿分离、专袋挑运、密闭运输、无缝衔接、日产日清"的污染防控措施,垃圾下山工作高效有序推进。

1) 运输前预处理

垃圾的预处理就是通过减容(矿泉水瓶、硬纸板粉碎)、减重(食材的去皮沥水处理)和袋装化以达到减污的目的。

2) 运输的过程

分类运输:景区垃圾实行分类运输,考虑到不同垃圾的特性,利用合适的方式依照优先级运输下山。厨余垃圾量大且含有较多水分,易腐易臭极易造成二次污染,因此厨余垃圾优先运输下山。同时,厨余垃圾的运输要求更高,为避免厨余垃圾对游客线路造成二次污染(污水、异味),厨余垃圾需要经过严格封装再进行运输。可回收垃圾、其他垃圾、有害垃圾经由上山环卫工人分类,运输至一级收集点再次分类后,运输至二级收集点分类运输下山。

分时运输:垃圾无法在山上长时间堆积,需要每日及时运输下山。垃圾下山需要使用索道,但是索道在供游客使用时无法运输垃圾,为解决这一问题,黄山景区决定错峰运输,在无人登山的晚上将垃圾抢运下山。

分线运输:山上由环卫工人与借助索道共同运输,山下由常规环卫车辆运输。即核心景区均由人工挑运,环卫工人收集垃圾后运输至一级收集点,经过处理后再人工运输至二级收集点,最后由二级收集点运输到景区最外围。

(三) 垃圾处理链条分析

1. 芳村和冈村的垃圾处理模式

1) 对生活垃圾的处理

每户村民家门前都有一个中环洁公司派发的垃圾桶,用于放置生活垃圾,据中环洁公司在芳村的负责人介绍,这些垃圾桶是由政府补贴经费,由中环洁公司免费发放给村民的。

对于焚烧垃圾,村民选择定点投放,定期收集;对于像玉米秸秆一类的垃圾,则将其粉碎喂猪。对于废旧衣物,村民一般送给亲戚邻居或者直接丢进垃圾桶。

2) 对有害垃圾的处理

对于电池等有害垃圾,村民们均表示现在几乎不用电池;而对于废旧电器等,会有人进行收购。

3) 对建筑垃圾的处理

建筑垃圾一般都是砂石、混凝土、剩余的木质材料等。由于建筑垃圾的无害化处理需要一定的技术,相关工厂需要取得国家许可执照,而乡村目前没有相关技术支持,所以只能选择将其填埋。

介于建筑垃圾和生活垃圾之间的垃圾一般是废旧或者废弃的沙发、床垫等家具垃圾,这些垃圾需要乡村政府请特定人员运输至填埋场进行清理。

4) 垃圾分类的现状

村民们没有对垃圾进行分类,一般是由保洁人员收集并运输到垃圾集中点,再由中环洁公司相关人员负责垃圾分类。

5) 乡村内新颖的环保举措

村里定期举行"美丽庭院"的评选活动,家中和门口长期保持整洁的家庭会被评选为"美丽庭院"。以此来激励村民自觉保持家庭卫生和环境整洁,进而使村子的整体环境变得美丽。

开展环保擂台赛。市里对镇里有擂台,镇里对村里有擂台,采用一环套一环,上一层对下一层打分、评比的形式。打分的主要依据是上一层对下一层的环境卫生的检查、街容街貌的检查以及下一层对上一层反馈的重新整治情况等。

2. 垃圾终端处理的调研

1) 建筑垃圾:粉碎再利用

拆迁和装修时产生的建筑垃圾运入厂中会先按照木材、轻物质、混凝土砖块、其他不可回收垃圾进行粗分类,再分别采取不同的处理方式(图1)。

2) 餐厨垃圾:进行有机堆肥

餐厨垃圾和厨余垃圾经过卸料分拣平台进行分拣,分拣过程中会将餐厨垃圾和其他废物分离开来,其中废物垃圾会被运往垃圾压缩中转站,然后运往垃圾焚烧发电厂;分拣过程中产生的污水会运送到集水池中,经过调节池和加药装置,并进行挤压,再通过叠螺式脱水机,将污水分成污泥和污水两部分,其中污泥进行脱水处理后外运,污水进入调节池进行分离处理,上层的油进入储油池,下层的污水进行深度处理,达标后排入市政污水管网。分拣后剩余的餐厨垃圾经过破碎机粉碎后加入冲洗水,经过挤压式脱水机挤压脱水后,送入高温好氧发酵仓进行发酵,将发酵产物贮存起来,并将发酵过程中产生的污水经过生物除臭装置除臭和深度处理,达标后排放。整个过程中产生的废气经过离子

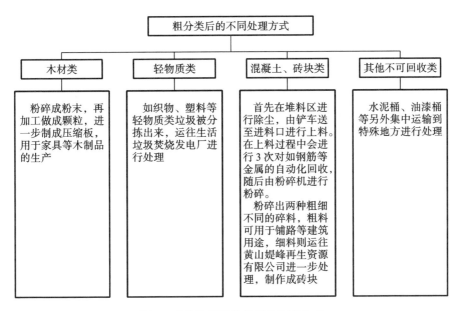

图 1　建筑垃圾粗分类后的处理方式

除臭，达标后排放。

处理之后的餐厨垃圾会变成有机肥料，其生产率约为 5%。有机肥厂家会联系该餐厨垃圾生态处理示范基地购买有机肥料，该有机肥料可用于水果蔬菜等各类农产品，完全实现绿色、有机、无公害种植。

3）生活垃圾：焚烧发电

由中环洁环境有限公司所承包的环卫清洁队伍收集黄山市各区的垃圾经压缩后运输至转运站，再从转运站集中运输至位于徽州区岩寺镇洪坑村西侧的垃圾焚烧发电厂。垃圾运输车辆进入厂区后，首先到地磅称重，可以通过卸料后车辆的重量称出一车的垃圾量，车辆称重后到卸料平台，卸料平台设有 6 个卸料门，当垃圾运输车辆到达指定位置时，卸料门会自动打开，垃圾车进行卸料，在垃圾车离开指定位置后，卸料门自动关闭。

垃圾卸料后会到达垃圾仓中，由于生活垃圾中水分含量高，所以要经过发酵将水分除去，此过程在冬天为 5～7 天，夏天为 3～5 天。发酵过程所产生的渗沥液会进入渗沥液收集池，由管道运输到渗沥液处理站进行集中处理，处理后的渗沥液用于绿化和冷却。发酵达到焚烧条件的垃圾，由操作人员操作垃圾吊抓手，将垃圾运至投料口。垃圾首先在干燥过滤室进行干燥，然后由推料器推进焚烧炉进行充分的燃烧。垃圾燃烧需要的空气来自垃圾仓，这既可以满足垃圾充分燃烧的需要，也使垃圾仓始终保持负压的状态。

垃圾燃烧产生的炉渣由运输车运输到炉渣综合处理厂制作地砖和石像等，进行资源综合利用。燃烧产生的烟气进入余热锅炉，与炉内的水冷却液进行热交换，将水变成水蒸气，水蒸气通过汽轮机驱动发电机进行发电，发电机将产生的电运向国家电网，利用后的烟气会进入烟气净化系统，通过半干式脱酸反应进行净化，最后处理过的烟气会通过80米高的烟囱排到大气中。

3. 垃圾分类试点小区经验分享

柏景雅居小区是黄山市"合桶并点"工程的试点小区，于2020年12月开展垃圾分类试点，成效显著。小区门口放置一排智能垃圾分类专用柜，在负责人的引导下，笔者使用微信小程序体验了一下可回收垃圾的分类投放。在微信小程序的操作界面上选择投放的垃圾类型，相应垃圾箱的箱门便会打开，放入垃圾，自动称重，垃圾入桶，积分到账。积分旨在提高居民垃圾分类的积极性，可以用于兑换一些生活用品。考虑到老年人使用手机可能存在困难，垃圾分类柜还设有刷卡区，方便老年人持卡操作。

小区内专门设有旧衣服回收箱收集衣服、家纺等物品。另外设有有害垃圾箱收集废旧电池、过期药品、化妆品、电子垃圾、灯管等。像餐厨垃圾等不可回收垃圾也都有相应的垃圾桶。

（四）结论与建议

在此次社会实践中，我们走乡村、入厂房、进企业。"绿水青山就是金山银山"，生态文明创造隐形财富。乡村垃圾处理的问题，是乡村振兴过程中不可避免的重要问题。纵向上，需要宏观的政策引导与基层的实际情况相结合；需要村落的末端处理与统一的集中处理相配合；需要以村为单位与环保部门共同发力。横向上，不同的垃圾产生环境下应采用不同的收集方式、收集频率，并相互协调；不同垃圾种类下应采用不同的处理方式、处理标准，并相互协调；需要各地根据实际情况的不同，统筹分配垃圾处理的基础设施资源。在实践中，笔者开阔了视野，了解到在"五位一体"总体布局下的当地生态文明治理现状，深刻认识到垃圾处理在乡村振兴的重要地位，同时加强了自身的垃圾分类意识和在生态文明建设中的使命感。

白洋淀生态建设及绿色产业发展调查

王陆洋　张艺馨[①]

一、调查背景与目的

　　过去的白洋淀地区经济很落后,没有一个能够足以支持当地经济飞速发展的产业。2017年,雄安新区正式设立,其中对白洋淀地区生态建设尤为重视,在"绿水青山就是金山银山"的绿色发展理念下,当地大力建设生态环境,期望借助当地软绿产业——旅游业来实现乡村振兴的绿色发展,助力当地百姓脱贫。设立河北雄安新区,是以习近平同志为核心的党中央深入推进京津冀协同发展作出的一项重大决策部署,是继深圳经济特区和上海浦东新区之后又一具有全国意义的新区,是重大的历史性战略选择,是千年大计、国家大事。

　　在建设雄安新区大背景下,白洋淀采取了一系列环境治理举措,取得了长足的成效,为了响应"三下乡""返家乡"社会实践,在盛夏七月接近尾声之际,由队长王陆洋及其他10位成员组成的星火花社会实践队前往安新县调查白洋淀绿色发展产业,实践队分别在农业农村局、白洋淀景区等地进行了考察。通过访谈、问卷调查、实地考察等方式对白洋淀的绿色发展政策进行了解,从中提炼脱贫经验加以宣传,并针对调查结果进行了分析,取得了预期的成果。对于"旅游+直播"的模式,队员们依据调查结果给出了可行的建议;对于生态治理进行了必要的宣传。

二、调查的内容与方法

(一)调查内容

　　笔者以"白洋淀乡村振兴-绿色发展"为主题,通过访谈、问卷调查、实地考察的方法展开调研,对白洋淀邵庄子村进行实地探访,了解水质和环境变化,观

[①] 王陆洋、张艺馨均为华中科技大学会计学专业2020级本科生。

察治理具体举措,宣传治理成效。前往安新县一处河边绿道,对河流湿地进行实地调研,感受生态治理的成效,了解白洋淀绿色发展现状,探究绿色发展对旅游致富和乡村振兴工作的影响。采访治理地点附近的路人,真实了解环境的改变并做记录、做宣传。根据线上线下的调研结果,制作图表和分析内容,形成关于白洋淀景区生态建设的结论和建议。

(二) 调查方法

访谈法、问卷调查法、实地考察法。

三、调查的结果与分析

(一) 基本状况

美丽乡村为雄安新区城乡体系的重要组成部分,实施乡村振兴战略,按照"产业兴旺、生态宜居、乡风文明、治理有效、生活富裕"的总要求,构建一体化、网络化的城乡体系。保持自然风光、田园风貌,突出历史记忆、地域特色,规划建设特色村落,充分利用清洁能源,建成基础设施完善、服务体系健全、基层治理有效、公共服务水平较高的宜居宜业宜游的美丽乡村。美丽乡村规划建设用地规模约50平方公里。

2017年4月1日,中共中央、国务院公布了雄安新区规划方案,在河北省雄县、容城县、安新县三县基础上,建立一个等同于深圳经济特区和上海浦东新区的新特区。河北省雄安新区的设立使得其在生态、经济、文化等方面的发展都有了政策支持,政府在河北全省重点打造了9个片区,安新县正在雄安新区规划范围,同时该县的光淀村和邵庄子村作为安新县美丽乡村规划建设的重点村镇,更是可以在抓住美丽乡村建设的契机的同时,努力成为白洋淀畔着力建设的国家重点开放区和旅游景区、美丽乡村示范区。

2020年底,安新县启动邵庄子村环境整治和村貌提升工程,利用村里良好的基础设施和自然条件,将其打造成生态保护与生态旅游、特色生态经济和谐发展的示范村,为其他村建设特色乡村、发展文化旅游提供了借鉴。

(二) 调研结果分析

1. 生态环保局关于白洋淀治理政策及其治理现状的调查

1) 现状与问题

雄安新区的建设仍处于起步阶段,不论是专家还是领导都在"摸着石头过河",新区建设刚刚起步,现在的雄安聚集了十几万名建筑工人,还有一眼望不到头的塔吊和混凝土搅拌车,工地现场热火朝天。目前来看,是跟着建设进度走,并不是提前全部拆除白洋淀边上的安新,县城绿化改进显著,水质有提升,但是提升空间依然很大。雄安新区建设的大纲规划早已敲定,建设目标为到21世纪中叶,全面建成高质量高水平的社会主义现代化城市,成为京津冀世界级城市群的重要一极。集中承接北京非首都功能成效显著,为解决"大城市病"问题提供中国方案。新区各项经济社会发展指标达到国际领先水平,治理体系和治理能力实现现代化,成为新时代高质量发展的全国样板。2019年来的两年里几十个专家组也做了大量的工作,有几十个专题的研究。至少从理论推导上,逐渐形成了一些解决问题的预案,也开始做一些小规模的工程试点来验证一些技术预案将来在实施中的有效性,具体的落实方案和工作方法还在多次的推翻重来之中不断探索。

2)调研结果

新区建设仍处于起步阶段,建设速度不会太快,会精雕细刻,而且会在每一个建设过程中,不断地探索土地利用制度、产权制度、政商关系、政企关系,以及短期的经济效益跟长期的公共服务保障、长期的人口素质提升等一系列复杂关系的重组和重建。它的建设周期和真正形成的人气聚集、经济活动聚集的成熟城市新区过程,比一般的国家新区要更为漫长,需要更多的耐心。

对生态建设的重视程度高,目前白洋淀水质改善显著,到2020年,流域所有断面水质全部达到Ⅳ类及以上,国考省考断面水质优良率达90%,入淀断面水质达到了Ⅲ~Ⅳ类,创有监测记录以来的最好水平。但是目前实验室的研究成果很难应用到实际中去,水污染治理仍以客土置换和生物治理为主。

2. 生态局大气办臧主任关于白洋淀治理技术、现状的采访

在采访过程中,臧主任对白洋淀治理现状指出了一些问题,概括总结如下:

1)生活污水问题

污水的来源主要有生活污水和工业废水,工业废水主要依靠政府的湿地治理和惩处来减少污染,而生活污水是人们生活产生的,很难采取类似方式减少排放,这就需要我们普通人增强环保意识,尽量减少对环境的污染。同时我们也了解到,现在每个村子都必须有一家污水处理厂,污水必须达标才能排到河里。下大雨时上游来的污水较多,污水处理站也发挥了很大的作用,有效减轻了生活污水的污染程度。

2)死水难变活水

笔者了解到,这条河流实际上是死水,而只有想办法将其变为活水流,才能更好地治理水源。因此,需要通过多种治理手段,使水在自然界中由"浊"变

"清",由"死"变"活"。

3) 监测站人员配置不全

为了监测当地的环境质量,在国家的支持下,由几位院士牵头并与河北的几所大学联合,在白洋淀建立了一个国家级监测监控中心。目前,监测站的建设已经完成,但相应牵头机制,如人员配置,即如何邀请更多有关专家院士前来等问题,尚待进一步落实。监测站的成立体现了国家对白洋淀地区生态环境的重视,同时也说明,白洋淀地区环境监测工作还存在一些问题,需要调动各方力量来解决。

3. 水质监测中心关于白洋淀生态特征、生态状况的可视化了解

1) 调研现状

华中科技大学管理学院星火花暑期社会实践队全体成员于2021年7月22日上午前往保定市雄安生态环境监控中心,通过数据可视化了解白洋淀区域生态环境状况。通过在各地安置监测装置,利用5G技术的快速传输实时监测淀区生态情况。

在智慧大屏幕上,我们了解到白洋淀地区各个分区综合水质、大气等指标的类别划分。与此同时,在与负责人交流过程中,我们了解到淀区的地势是自西向东递减,河流自西向东汇入、流出白洋淀。现今,白洋淀各个分区的生态情况集中分布在Ⅲ、Ⅳ类之间,在降雨等多种因素的影响下处于动态平衡状态,生态环境指挥中心的一项重要工作就是通过实时数据观察来对相应地区的状况进行调整。据了解,淀区远期目标是使各个分区稳定于Ⅲ类。

除此之外,负责人还向笔者介绍说,白洋淀地区是由西部河流和湿地、中部淀区以及东部河流的架构组成。其中,湿地的作用尤为关键,淀区在雄安新区成立后已经新建成大大小小许多湿地,它们是净化白洋淀水质,维持、改善白洋淀环境状况的重要力量。通过调研,我们能够切实地感受到各方在白洋淀地区生态建设中付出的努力,以及白洋淀生态建设取得的显著成效。

2) 调研问题及解决建议

目前普通民众对雄安新区建设政策的内容不够了解,甚至出现了认知错误,如"是不是要把北京的垃圾往我们这里运呀?"等。对政策的宣传解读不充分,就会导致群众误解较深,会对建设造成阻力,但无论是环境的变化还是政府的切实行动,都能让人体会到雄安新区生态建设政策对白洋淀环境改善起到的巨大作用。通过新闻播送、报纸刊登等宣传方式,对与百姓生活息息相关的白洋淀生态建设政策进行清晰的解读,让百姓觉得通俗易懂,从而大力支持白洋淀的生态建设。

在与臧主任的交流过程中,笔者更深层次地了解了白洋淀所处的建设时

期。白洋淀现处在建设政策的规划和不断完善中,用百鸟鸣春来形容现在的时期最合适不过。多家公司和龙头企业纷纷入驻,在此地规划自己的建设方案,中央将挑选出最合适的方案来开展,相信集思广益,必有良策妙计。此时没有太多的经验可寻,都是各方人士在摸着石头过河,过程中难免会发生失误。因此,政府应当不断引导百姓给予他们试错的机会和宽容。同时,要对建设成就以可视化的方式大力宣传,比如运用新媒体技术制作有冲击力的视频,描述白洋淀治理的成效,以树立民众的信心。

4. 采访农业农村局关于网红直播旅游以及绿之源公司绿色产业发展情况

白洋淀主要的特产有荷叶茶、松花鸭蛋、芦苇工艺画等。之前芦苇主要用于制作苇席,销量高,利润也高。但是随着人们生活水平的提高,苇席的销量减少,现在芦苇收割下来只能粗放管理。芦苇可以用来制作培养基生产蘑菇,使用完的培养基可以做成有机肥,通过这种方法芦苇能够及时消耗,而且污染小。也可以外运,用于造纸、生物发电、制作生物炭和有机肥。

但是,由于白洋淀绿色发展的要求,政府实行退耕还湿、养殖退出的政策,并且限制农民采摘野生植物、捕捞野生水生动物,所以白洋淀水特产产业的发展将受到一定的限制。

针对上述出现的问题,王主任提到,未来可以进行长时间的科研调查,统计野生动植物的分布,调查水质,协调好人工养殖种植与野生生态的关系,寻找合理密度,调研最好的状态,实现生态与经济双赢。

近年来,随着网络的普及,直播带货也成了白洋淀生态区有效发展农业的一条致富途径。比如邵庄子村,依靠乡村振兴的政策成了一个美丽乡村,它的地理位置十分优越,四周都是水,同时建设有环村路。村庄里有二十多户村民通过直播的方式,推广白洋淀的特色,通过向观众介绍白洋淀独特的湖中景色、农家院特色美食等来吸引游客,以此增加收入。如果政府对邵庄子村的网红直播进行政策上的帮扶,那么邵庄子村以至整个白洋淀地区的网红直播产业就会更加完善,进而推动白洋淀地区的发展。

(三)问卷数据分析

我们在社交网络上发放电子问卷,在实地调查中发放纸质问卷,对包括学生、工人、公务员、农民在内的各类职业的人们进行了数据采集,最大限度地确保了问卷结果的真实性、普遍性。队员们共回收了近500份调查问卷,对数据结果进行了充分的分析,从中发现了问题,并提出了相关的建议。

1. 数据分析

(1) 人们对景区感兴趣的方面和选择景区时的侧重点的调查结果分析分别如图1、图2所示。

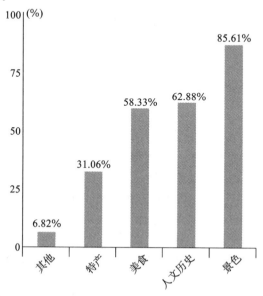

图1 对景区感兴趣的方面的调查

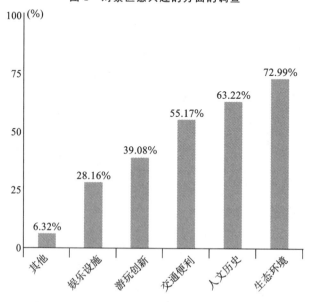

图2 选择景区时的侧重点的调查

调查结果显示,关注"景色"的人占85.61%,关注"人文历史"的人占62.88%,关注"美食"的人占58.33%,关注"特产"的人占31.06%。大部分人都对景色、人文历史、美食更感兴趣,这也是当下人们的旅游观念。

由此可以看出,"景色"在选择景区方面占很大比例,人们都会首先考虑当地景色是否吸引人,其次会考虑是否有浓厚的人文历史,如红色革命圣地等。美食也是人们旅游中不可或缺的。

在确定旅游目的地时,72.99%的人关心景区的生态环境,占比最大,63.22%的人关心人文历史,55.17%的人关心交通便利问题,这三项的关注人数均超过半数。关心游玩创新的人也占据一定比重,将近40%。

由此可以看出,人们出门旅游一般都会优先考虑生态环境。具有良好生态环境的旅游地成为首选,例如白洋淀景区,因此生态保护治理对于旅游事业的发展有很大影响。

(2)旅游直播效果分析。

在直播行业不断发展的背景下,白洋淀的村民们开始主动接触直播,积极探索"直播+旅游"的新型旅游模式。我们对人们观看旅游直播的频率进行了调查,结果如图3所示。

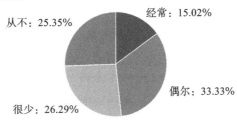

图3 观看旅游直播的频率调查

调查结果显示,15.02%的人经常观看旅游直播,33.33%的人偶尔关注旅游直播,25.35%的人从不观看旅游直播。可知,接近一半的人对旅游直播有较高关注度。

为了帮助从事旅游直播的村民更好地选择直播平台,我们对人们观看直播时选择的平台进行了调查,结果如图4所示。

使用频次较多的平台为抖音和哔哩哔哩,占比分别为40.15%和34.85%,包括虎牙、优酷等平台在内的其他平台占比为29.55%,快手占比为20.45%,余下的各平台占比较小。

由此可见,当下人群中占主导地位的应用软件是抖音和哔哩哔哩,很多人都是通过这两个平台来了解旅游直播的。我们通过调查也了解到,抖音在大部分年龄段都比较有影响力,而哔哩哔哩的受众大多为青少年。

为了更好地改善村民自发旅游直播的质量,增强直播的效果,我们对人们

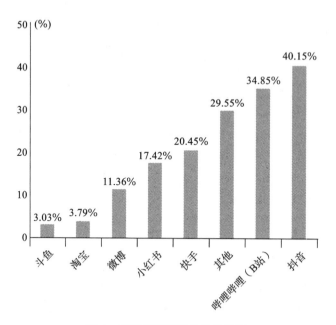

图4 观看旅游直播的平台调查

观看直播的侧重点进行了调查(1为等级最低,5为等级最高),结果如图5所示。

数据显示,分别有75%的人比较关注内容是否真实以及是否丰富,65%的人比较重视主播素质,65%的人比较重视画面质量,53%的人比较重视直播类型,34%的人比较关注平台是否推送。由此可见受众对直播内容相当重视,尤其是内容真实度方面,大家都不喜欢虚假宣传;主播素质也是很重要的因素,素质较低的主播同样不能吸引很多"粉丝"。

我们对人们购买特产时注意的方面进行了调查,结果如图6所示(1为等级最低,5为等级最高)。

数据显示,消费者最重视的是商品质量及其是否绿色健康,占比分别为85%和80%,其次关心的是销量好评和商品价格,占比分别为70%和67%,对包装外观的重视程度不高。

我们分别调查了主播对于旅游和购买特产的作用,调查结果如图7、图8所示。

数据显示,分别有59.62%、60.09%的人在选择旅游目的地和购买特产时会受到主播影响。可见主播带货对特产销售有一定的促进作用。

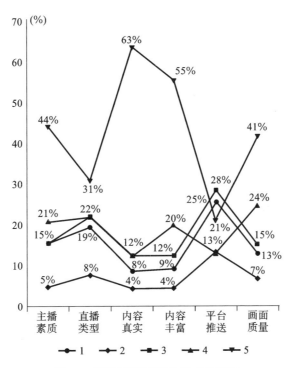

图 5　对观看旅游直播关注点的调查

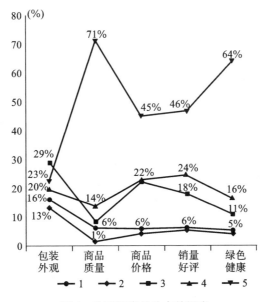

图 6　购买特产关注点的调查

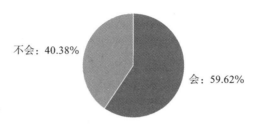

图 7 是否会因主播推荐而去旅游

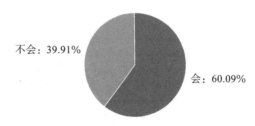

图 8 是否会因主播推荐而购买当地特产

2. 问题和反思

1) 景区的选择

数据显示,人们最重视的方面是生态环境和景色,雄安新区开发建设要以保护和修复白洋淀生态功能为前提,将白洋淀流域生态治理作为一项重大工程。政府一直在不断加大对白洋淀的生态治理力度。据了解,近几年来,白洋淀的生态治理已经有了显著的成效。

另外,白洋淀有着深厚的红色历史,一直是著名的红色教育基地。近年来,得益于优美的环境和丰厚的人文历史,慕名而来白洋淀游玩的游客数量不断增加。

然而,白洋淀的交通线路仍然需要完善,车站与景区之间仍有不小的距离,在此可以考虑引入共享单车、观光车等交通工具,充分解决游客的"最后一公里"问题。同时,为了有效避免堵车等状况,可以大力发展公共交通,将白洋淀便利的水利运输与交通联系起来,希望这对于白洋淀的旅游业发展有一些启示意义。

2) "直播+旅游"的趋势

调查结果显示,将近半数的人接触旅游直播的频率较高,近 60% 的人会因为主播的推荐而决定去某个地方旅游,因此"直播+旅游"的方式已经逐渐被人们接受,并成为一种发展趋势。虽然目前已经有一些村民在这方面进行了尝试,但是由于缺乏经验和稳定的客源,目前这种模式的发展状况并不乐观。

在白洋淀未来的发展中,可以鼓励发展这种新型旅游模式,并进行规模化管理,对有直播意愿的村民进行统一培训,提高主播素质,保证内容的真实性和丰富度,加大对白洋淀地区直播旅游的宣传,保证从事旅游行业的村民有足够的客源,从而提高人们的收入水平,带动旅游经济发展,提高人民群众在雄安新区建设过程中的获得感。

3)"直播+特产"的渠道

就调查结果而言,多数人会因为主播的推荐而购买当地的特产,但是我们经过实地调查得知,白洋淀的直播大多数为旅游直播或者风景直播,很少有电商带货一类的直播。此外,我们在当地农业农村局等部门了解到,白洋淀的一些特产外销率并不高,很多都是在本地消化,甚至有一些鲜为人知的手工制品正面临失传的危机。

在推进旅游直播的过程中,可以加入带货的内容,加大对白洋淀特色产品的宣传,严格监督商品质量和绿色健康问题,重点打造白洋淀品牌,打开销路,由政府统一调控,形成"直播+旅游+卖货"的良性循环,增大白洋淀产品的外销量,提高白洋淀手工艺品的知名度,从而保护诸如苇编一类的非物质文化遗产。

(四)对策和建议

1. 对污水进行严格的治理与管控

要尽量降低未经处理的生活污水直接排入河流湖泊等的可能性。一方面,需要政府加大投入,建设更加完善有效的污水处理系统。另一方面,更重要的是,需要加强宣传教育,让保护生态环境的理念深入每一个当地居民的心中,使人们能够自觉减少随意排放未经处理污水的行为。引进或创新有效的水体治理模式,利用技术手段改善生态环境,并对治理的过程进行持续的监控,若出现问题,须及时采取措施予以解决。

2. 坚持千年大计,加大宣传力度,提高民众认可度以及建设信心

大发展需要大战略,大战略需要大手笔。雄安未来值得期待,一定能探索出一条适合人口众多的普通内陆城市和谐发展的方式。但是,目前有些群众对雄安新区的建设进度有所疑惑,政府宣传部门应考虑加大宣传报道力度,寻找权威代表性人物进行接地气的、形式创新的政策解读。并且应该做好舆论的监管监控,避免不法分子以及不怀好意者扰乱民心。

3. 生态治理的实际需求与高校以及科研中心、院所对接

目前实验室的研究成果很难应用到实际中去,研究的时候学术性强但是实

用性比较差。水污染治理仍以客土置换和生物治理为主。大力促进科研创新，鼓励科学工作者突破固有思维，结合治理实际，提出更加行之有效、成本更低、更友好的生态治理方法。

4. 加强人才激励工作

针对监测站人员配置不足问题，需要加强与有关部门、科研机构、高校的合作，提高工作人员的待遇，吸引人才、留住人才，让更多的专业人才为地区的发展建设贡献力量。

附件1：关于电商旅游的调查问卷

随着互联网技术的普及和智慧旅游时代的到来，旅游业与电子商务形成了新的商业模式——旅游电子商务。本次调查仅用于研究学习，您的个人信息不会被泄露，请放心填写。

1. 您的性别：

A. 男　　　　B. 女

2. 您的年龄：

A. 18岁以下

B. 18~28岁

C. 29~39岁

D. 40~50岁

E. 50岁以上

3. 您的职业：

A. 公司员工

B. 教师

C. 学生

D. 其他

如选D，请写出您的职业：＿＿＿＿＿＿

4. 您出游时对当地的什么最感兴趣？（多选题）

A. 景色　　　B. 特产　　　C. 美食　　　D. 人文历史　　　E. 其他

5. 您选择旅游目的地的侧重点是什么？（多选题）

A. 游玩创新

B. 生态环境

C. 娱乐设施

D. 交通便利

E. 人文历史

F. 其他

6. 您关注旅游直播的频率是？

A. 经常

B. 偶尔

C. 很少

D. 从不

7. 您在观看旅游直播时更倾向于选择哪个平台？（多选题）

A. 快手　　　　　B. 抖音　　　　　C. 斗鱼　　　　　D. 微博

E. 淘宝　　　　　F. B站　　　　　G. 小红书　　　　H. 其他

8. 影响您观看旅游直播的具体因素是？（5表示最大,1表示最小）

	1	2	3	4	5
A. 主播素质	○	○	○	○	○
B. 直播类型	○	○	○	○	○
C. 内容真实	○	○	○	○	○
D. 内容丰富	○	○	○	○	○
E. 平台推送	○	○	○	○	○
F. 画面质量	○	○	○	○	○

9. 您是否会因为主播的推荐而决定去当地旅游？

A. 会　　　　　　　B. 不会

10. 您在旅游时是否购买过当地的特产？

A. 是　　　　　　　B. 否

如选A,请您列举一下您所购买的商品种类：_____

11. 您在购买特产时更注重哪些方面？（5表示最高,1表示最小）

	1	2	3	4	5
包装外观	○	○	○	○	○
商品质量	○	○	○	○	○
商品价格	○	○	○	○	○
销量好评	○	○	○	○	○
绿色健康	○	○	○	○	○

12. 您是否会因为主播推荐而购买当地特产？

A. 会　　　　　　　B. 不会

云南亚洲象保护现状调研

杨一一[①]

一、调查背景与目的

亚洲象作为亚洲现存最大和最具代表性的陆生脊椎动物,是我国一级重点保护野生动物,国内主要分布于云南西双版纳、普洱和临沧3个州市,是热带森林生态系统的旗舰物种。近30年来,在全球野生亚洲象总量不断减少的形势下,我国野生亚洲象种群数量由20世纪80年代的180头增长到目前的300多头。然而,随着亚洲象分布区域经济社会的发展,亚洲象保护仍然面临栖息地减少、种群衰退、人象冲突严重等问题。

2020—2021年亚洲象自云南南部向北迁移的新闻引起了社会各界广泛关注。根据当地监测结果,从2020年12月至2021年5月27日,从普洱市墨江县一路北迁的亚洲象群,已行进至玉溪市峨山县、红塔区与昆明市晋宁区交界处活动,并一度进入峨山县城。据不完全统计,该象群向北迁移扩散的这段时间里,在元江县、石屏县共肇事412起,直接破坏农作物达842亩,初步估计直接经济损失近680万元,严重影响当地群众的正常生产生活秩序。

这群亚洲象引起了笔者所在的社会实践团队的关注,笔者注意到亚洲象这一珍稀濒危物种的保护意义,因而想要更多了解它的生存现状和受保护情况。同时,亚洲象和我们人类社会有着相对其他野生生物来说更大的矛盾。此次调研,笔者拟深入探究面对这一避不开的矛盾该如何对双方进行平衡。

二、调查的内容与方法

(一)调查内容

笔者以"保护濒危动物"为主题,用实地调查和访问调查相结合的方法,分

[①] 杨一一为华中科技大学信息与计算科学专业2020级本科生。

别去了国家林业和草原局亚洲象研究中心和西双版纳国家级自然保护区管护局亚洲象监测预警中心、亚洲象种源繁育及救助中心,访谈部门专家和一线工作人员以及科研人员,并且采访了有"中国人象和谐第一寨"之称的香烟箐村民小组的村民,了解了生态保护的具体工作,思考了面对这样棘手又亟待解决的问题有什么样的解决方案以及这个方案具体的效果怎么样等,同时深入调研了亚洲象生态保护工作从亚洲象研究中心建立伊始到如今的发展如何,未来有什么样的目标。最后结合调研成果,对亚洲象的保护工作提出完善的对策和建议。

(二)调查方法

实地调查法、访问调查法。

三、调查的结果与分析

(一)基本状况

亚洲象属于国家一级重点保护野生动物,被世界自然保护联盟(IUCN)列为濒危(EN)等级物种,被《濒危野生动植物种国际贸易公约》(CITES)列为附录Ⅰ物种。

目前我国亚洲象主要分布于云南西双版纳、普洱和临沧三个州市。2018年经过同步调查得出,中国亚洲象的数量为293头。[①] 亚洲象研究中心每天都会对云南省亚洲象的种群数量进行汇总统计,截至2021年7月1日,云南全省共监测到野生亚洲象种群数量为300多头,亚洲象种群数量的增长,一方面体现我国亚洲象保护工作的成功,另一方面由于亚洲象对栖息地以及食物资源的需求增大,也为亚洲象保护、实现人与自然和谐共生带来了更大的压力。

(二)主要做法和成效

1. 北移亚洲象活动情况

1)象群前期北上情况

2020年9月23日,16头亚洲象北移至宁洱县,于2020年11月22日在宁洱县产下一头小象。2020年12月17日,首次由普洱市宁洱县进入墨江县,12月25日在墨江县产下1头小象,象群成员增至18头。2021年3月12日,1头

---

① 数据来源于亚洲象研究中心。

成年公象由墨江县离开,返回宁洱县。2021年4月16日,17头亚洲象从墨江县移至玉溪市元江县,4月24日,其中2头成年公象返回墨江县,其余15头继续向北移动。象群于2021年5月16日移至红河州石屏县宝秀镇,5月24日移至玉溪市峨山县。2021年5月29日21时,在玉溪市峨山县逗留6天的15头亚洲象跨进红塔区地界。2021年6月2日,象群进入昆明市晋宁区双河乡。此后,北迁象群持续向西迁移,在这期间不断穿越法古甸村、绿溪新村、小木杵榔村、南山村、金田村等地。

2) 象群后期北上情况

2021年6月18日,象群正式进入峨山县大龙潭乡地界,从金田村起向西南方向移动,其间陆续经过大平田、下迭所、波思甸等村寨。自波思甸村开始,象群几乎朝正南方向移动,6月23日持续南移至峨山县大龙潭乡橄榄甸村附近林区,随后象群持续向南穿过峨山县富良棚乡、塔甸镇松林、本租、七溪村等区域。截至2021年7月1日,象群总体向东北方向移动7.2公里(直线距离1.4公里),行至玉溪市峨山县塔甸镇峨甲莫村民小组正西方向约1公里的林地内活动,距玉溪市新平县辖区最近4.1公里,距昆明市晋宁区辖区最近30.1公里。独象自2021年6月5日在昆明市晋宁区夕阳乡高粱地村附近与象群分离后,只身向东迁移,先后进入木鲊村、小木杵榔村、天井村等村庄觅食。截至2021年7月2日,独象离群27天,位于象群东北方向,与象群直线距离53.6公里,持续在玉溪市红塔区北城街道大石板社区西面的林地内活动。

2. 国家林业和草原局亚洲象研究中心

1) 中心简介

国家林草局亚洲象研究中心致力于建设亚洲象专业队伍,搭建统一、开放科研平台,汇集国内外顶尖专家学者,积极为国家林草局提供亚洲象保护管理决策支持。

在国家林草局和云南省政府各部门的高度重视与支持下,"亚洲象研究中心"于2019年底在国家林草局昆明勘察设计院正式揭牌成立,国家林草局副局长李春良、云南省副省长王显刚为亚洲象研究中心揭牌,并向普洱、西双版纳、临沧3个基地分别授牌。该中心自成立以来积极主动、有条不紊地开展各项工作,并取得了扎实的成效。

2) 中心主要工作内容

(1) 研发改进防象设施设备。例如脉冲电围栏,设置每隔1.5秒发送一次瞬间高压,约为1.2万伏,能量为5焦耳。这一设备只会对大象造成一定的震慑,而不会伤害到它。该中心的陈飞主任还亲身体验过触摸电围栏,以示其安全性。

(2) 野象粪便宏基因组测序和微生物培养研究。通过这种方法研究大象是否健康。

(3) 国际履约任务大象非法猎杀监测(MIKE)。我国也是国际履约成员国之一。该中心的一个任务就是监测在中国西双版纳保护区内有没有大象非自然死亡。从目前的结果来看,近几年都没有出现这样的情况。

(4) 珍稀濒危物种调查监管与行业规范项目——人象冲突机制研究及应对处置(含栖息地改造技术研究)。亚洲象研究中心要对整个西双版纳保护区内大象的栖息地适宜性做分析,通过遥感、数据分析法、层次分析法,加上专家的主观判断,得出权重。然后判断因子,比如栖息地和水源的距离,还有植被的覆盖度,由此可以得出结论,判断出整个西双版纳保护区中,适宜和不适宜大象生存的区域。下一步是做栖息地的改造。例如一片地区森林太多,大象进不去,或者一片地区食物源太少。根据具体情况,对这些不适宜生存的地方进行改造。改造完之后,大象就会自愿回到栖息地生活。

(5) 协助国家林草局和省林草局亚洲象情况日报制度。统计大象来到哪一个村子,有几头象,是否有人员伤亡,具体造成了多少经济损失。

(6) 亚洲象国家公园总体规划。通过改造象的栖息地,建设一个国家公园的保护地。我们需要对它的栖息地进行保护,保护它的连通性和完整性,然后自然而然地让大象留下来,不要去远方,这是很早以前就做的一个规划。

(7) 北移亚洲象长期跟踪监测分析研究。通过分析环境因子(包括"到河流的距离""土地覆被""植被类型"等)、地理因子(包括"海拔""坡度""坡向"等)、干扰因子(包括"到居住点的距离""到道路的距离"等)、气候因子(包括"降水"等),推测出大象北上途中哪些地区适宜大象生存,努力帮助大象回到它适宜生存的地区。

3) 分析总结

作为亚洲象保护管理决策的重要技术支撑机构,亚洲象研究中心有着相当重要的地位。它承担着为地方亚洲象保护管理提供有效技术的重任,它的存在使得各方力量得以凝聚,集中研究亚洲象相关问题。亚洲象研究中心在2019年12月的挂牌仪式上便提出了远期建设目标:到2040年,通过亚洲象保护工程的实施,助力亚洲象作为旗舰物种的热带雨林生态系统恢复,并培养一批亚洲象研究专业人才,将该中心打造为国际一流的保护和研究机构。然而,研究中心成立时间较短,在人才储备、资金保障等方面还存在不足。

3. 西双版纳国家级自然保护区管护局亚洲象监测预警中心

1) 中心概况

由于亚洲象自身的特点,野生亚洲象保护工作的开展困难重重。首先,亚洲象在不断移动,不易监管。其次,体形庞大的亚洲象会造成经济损失。最后,也是最重要的问题,体形庞大的亚洲象对人身安全有极大的威胁。面对如此多亟待解决的问题,亚洲象监测预警中心自建立之初便以专业的手段去保护和监管大象,对危险做出预警,同时致力于将财产损失降到最低,最大限度地保护村民的生命安全。

2) 工作成效

在人象冲突这一方面,亚洲象监测预警中心也通过不断的努力做出了许多成果。其中最为可观的成绩,当为目前已投入使用的亚洲象预警系统。我们了解到:面对人工监测预警不准确、不及时的问题,经国家林草局批准,在云南省林草局全程指导下,西双版纳国家级自然保护区管护局与浪潮公司展开合作,搭建了从终端、边缘端到云端的一体化解决方案。这套系统于2020年6月完成监测预警软件开发,部分前端设备投入试用阶段。在雨林中安装红外相机、摄像头等作为前端设备,将雨林中的红外相机、摄像头、无人机等采集设备编织成一张数据网,实现全天候实时采集图像及影像数据,边缘端通过部署高精度的亚洲象AI识别模型,能够对实时回传的图像和视频流进行毫秒级的精准辨识,在12秒内就能完成发布预警,有效预防人象冲突的发生。同时,边缘端清洗后的数据会同步到云中心,进行亚洲象AI识别模型训练、优化、数据汇集、数据挖掘等。目前这套系统的识别准确度基本可以达到96%。前端设备包括579台红外相机及181套智能广播、21台网络球形摄像机,涉及12个村镇、38个村委会、115个村民小组,累计影像数量已超过100万张,累计预警数量已达5000多次。

这套系统的建立已经最大限度地避免了意外的发生,在一定程度上保障了村民的安全,也实现了在误差范围内对亚洲象数量动态分布的测量。

4. 亚洲象种源繁育及救助中心

1) 中心简介

中国云南亚洲象种源繁育及救助中心是云南西双版纳亚洲象种源繁育基地,是国家林业六大工程、15个物种拯救工程在云南实施的重点建设项目之一。亚洲象种源繁育及救助中心(下称"救助中心")主要开展的是亚洲象的收容、野外救助、辅助象繁育研究、医疗科研等方面的工作。

2) 工作成果

救助中心与林业主管部门联合救助20余次,救助了"然然""小强""羊妞"等24头野生亚洲象。救助中心队员还多次参与救助受伤的蟒蛇、长臂猿等野生动物,用责任担起野生动物的保护与救助工作。救助中心不断在亚洲象种群繁育上下功夫,从象种选择到受孕期间的护理再到顺利生产,每个环节都不能出错;已成功辅助大象繁育出9头小象,繁育小象成活率100%。

同时,救助中心队员长期穿梭于热带雨林中去研究、分析野象谷景区周边范围野象的活动踪迹,及时预报野象出没的时间、地点、种群、行走路线等。在大家的不懈努力之下,救助中心建立了野象出没安全预警机制,建立了亚洲象血常规、生化数据库,为开展保护亚洲象的医疗研究、救助提供科学参考,提高野象救助成功率。救助中心团队还积极探索亚洲象科研成果,先后撰写了《亚洲象血液生化指标的测定与分析》《5例亚洲象肠梗阻的诊疗报告》《亚洲象附红细胞体病的诊治》等10篇学术论文,并在《中国兽医杂志》《野生动物学报》等核心期刊上发表,参与完成1部专著——《亚洲象行为学研究》,为亚洲象的保护和救助医疗提供了较强的科学参考。

5. 亚洲象种源繁育及救助中心

1) 小组简介

香烟箐村隶属于云南省西双版纳州景洪市大渡岗乡关坪村村委会,紧邻国家级自然保护区勐养子保护区林地,三面环山,于2015年搬迁至现在的位置,距离著名的野象谷景区不到5公里。由于前些年总有亚洲象在此出没,村民的生产生活常常受到野生亚洲象的威胁,损伤惨重。近些年,政府对该村高度重视,对野象经常出没的地区不断加强保护措施。2015年,由政府出资,将香烟箐村从自然保护区的边缘地区搬迁到邻近野象谷景区的新址,然而由于新址仍靠近野象的活动范围,野生亚洲象依然频繁闯入村寨。2017年,西双版纳国家级自然保护区管护局尝试用隔离栏将村寨与野象隔离开来,香烟箐就作为这一项目的第一个试点村寨。防象栏建立之后,村子的情况发生了巨大的变化,香烟箐享有"中国人象和谐第一寨"的美誉。历时一年多、跨越500公里、一路北移至昆明的亚洲象家族,正是从香烟箐村附近出走的。

2) 访问调查概况

本次我们实践团队亚洲象调研小组前往香烟箐,实地探查当地的生态情况和经济情况,观察、了解防象措施、设施;我们还前往村主任、村支书及十几位村民的家中采访,和他们面对面交谈,从他们口中了解了目前最主要的防象措施。我们得到的信息总结如下:

(1) 香烟箐村庄建设良好,村庄被森林围绕,村内绿植覆盖率高,街道宽敞干净;道路旁常有关于亚洲象的安全宣传标语,都写有"人象和谐";村民住宅的外貌都精致美观,风格一致。整个村庄十分美丽和谐、赏心悦目。

(2) 村民的经济来源已由曾经的在农田种植农作物如玉米、水稻等,转变成了在外务工。因为香烟箐附近的景区野象谷,甚至整个西双版纳因为亚洲象受人们喜爱而火爆,村民里很多人在野象谷或其他地方上班。

(3) 在防护栏建成之前，野生亚洲象入侵香烟菁村庄极其频繁，村民介绍平均每个月2~3次；防护栏建成之后，野象再也没有进入村庄内。防护栏把人象分开，保护村民的人身和财产安全的效果十分显著。

(4) 绝大多数村民对防护栏、野象预警系统等保护措施非常满意，认为目前已有的保护措施已较为齐全，村民们个人还没有其他需要国家支持的保护政策的想法。

(5) 绝大多数村民表示野象破坏个人财产后国家的理赔力度并不够大，且理赔申请过程困难烦琐。但同时，绝大多数村民表示对此表示十分理解，也表示随着生活水平的提高，不太在意野象造成的较少损失了，总体态度较为满意。

(6) 村民对国家级的野生保护动物亚洲象有较强的保护意识，均表示从来不会伤害野象，哪怕它们来侵犯村庄或农田。

（三）存在的问题

经过对数据的分析，笔者发现，亚洲象研究和保护工作目前存在以下问题。

1. 对亚洲象个体识别知识的普及率还不够

目前对亚洲象这一物种的识别率已经达到96%，但是专家表示希望之后能做到以个体为单位进行识别。因为经常肇事的象只是个别，如果能做到个体识别，对那几头经常肇事的象进行重点关注，可以提高大家的警惕性。但是现在做识别、分析、数据处理还是有很大难度。在设备方面，只有红外相机也是远远不够的，还要依靠技术以及经济的支持才能建立更为完善的亚洲象监测预警系统。而且预警中心现在的工作只能说做到比较有效的防护，但是最终实现人象和平共处还是要通过国家森林公园的建设，从根本上解决亚洲象的栖息地问题。

2. 亚洲象种源的繁育和保护情况严峻

亚洲象种源的繁育和保护始终是个艰难的任务，仍有许多问题亟待解决，比如对哺乳期小象的救助，目前仍是一个世界难题；比如需要更多的专业的大象医生和医疗设备；比如如何让大象摆脱对象舍和象爸爸的依赖，让它们习惯野外生存，从而把它们放归自然；比如救助亚洲象的成本太高，仍需财政专项资金的支持。因此，在救助亚洲象这条道路上，我们还有很长的路要走。幸而，在团队的不懈努力之下，救助中心建立了野象出没安全预警机制，建立了亚洲象血常规、生化数据库，为开展保护亚洲象的医疗研究、救助提供了科学参考，提高了野象救助成功率。救助中心还和多个国际动物保护组织建立了良好的沟通交流机制，也多次委派兽医师和工作人员前往泰国、缅甸、美国等地进行野生亚洲象救助、圈养、医护等方面的学习与交流。繁育中心是我国亚洲象保护的重要基地,我国在亚洲象保护方面采取的行动和取得的成绩获得了各国专家的高度认可,展示了中国对动物保护、环境保护的重视度与行动力,提高了中国在生态保护领域的国际地位。

3. 香烟箐的成功经验不具备普遍性

从结果来看,香烟箐的确是探索人与自然和谐共存道路上的一个成功案例,然而,它的成功恐怕并不具备普遍性。香烟箐的特殊性在于它经历了一次搬迁,这次搬迁将整个村子变得紧凑,现在它的占地范围仅相当于其他村子的两户人家,只需修筑800米左右的防象栏便可将整个村子包围其中。然而这仅仅800米的防象栏也花费了150万元左右,高昂的成本使得这种方案没办法应用于其他村寨。香烟箐的问题解决了,却还有很多村寨处于被野象侵扰的危险之中,国家以及众多生态工作者也在积极寻找解决问题的办法。

(四)对策和建议

对于亚洲象的保护政策和措施,并不是单一的、简单的,而是真正科学的、多措并举的。我国的生态工作者切实为保护亚洲象多方面地努力着。国家成立了亚洲象研究中心,也体现了国家加强亚洲象保护、加强我国生态文明建设的决心。实现人与自然和谐共存,这是所有人共同的梦想,然而实现的过程谈何容易。追根究底,主要的问题还是在于资源不足。人类社会的发展势必挤压野生动物的生存空间,如何在有限的区域实现人象平安和谐是最终目标。我们的生态工作者也正在这条路上不懈地探索着。他们对亚洲象这一物种本身,对亚洲象栖息地进行专业的研究和分析,得出适宜亚洲象生存的条件,再根据研究结果,多措并举,如加强巡护执法以杜绝非法捕猎、进行生境改造以使亚洲象回归原有栖息地、建设食物源基地以保障亚洲象食物来源、建设防象设施以有效缓解人象冲突等措施。生态工作者的工作并不容易,他们深入原始的森林大山,冒着遭遇野生亚洲象攻击的危险,努力收集第一手资料。

在深入调研及思考以后,笔者给出以下建议。

1. 科学的成果应更广泛地运用于研究中

现代科技应该助力研究分析。例如在亚洲象监测方面,目前还不能对亚洲象个体进行识别。要实现这一目标,需要对亚洲象的个体特征进行收集,同时具备可识别个体特征的技术设备。作为数学专业的学生,我们在日后的学习中可以就数学方法如何运用到亚洲象的科研监测和管理中这个问题进行思考,相信科学的方法可以大力提升研究分析的效率与准确性。

2. 地方上的工作应因地制宜

根据不同的实际情况采取不同的方式方法，有效保障人民的生活，做到人与自然和谐共生。例如在占地范围小的香烟箐建设防象栏解决了此地的问题，然而在其他占地面积大的地区，目前较为昂贵的防象栏无法适用，也许可以进行改良，降低造价，使防象栏模式也能应用于其他地区。

3. 提高亚洲象种源繁育及救助中心工作人员的学术素养

作为日夜接触亚洲象的工作人员，应更好地利用亚洲象的第一手素材，用科学的方式获取信息，收集亚洲象相关数据，记录研究其行为，规范地进行繁育和救助。

4. 国家和生态工作者应继续尝试，探索出一条行之有效的野生动物保护之路

笔者在调查中也了解到，目前国家正在探索建立亚洲象国家公园，国家公园是我国新时期生态文明建设中一类生态价值更高、保护范围更大、管理层级最高的自然保护地。我们祝愿亚洲象国家公园早日建成，筑牢国家边境生态安全屏障，缓解人象冲突，促进人与自然和谐共生。